调伏人生二十难

复旦大学出版社

出版说明

《调伏人生二十难》最初由台湾慈济文化出版社在台湾出版发行。

证严上人,台湾著名宗教家、慈善家,一九三七年出生于台湾台中的清水镇。一九六三年,依印顺导师为亲教师出家,师训"为佛教,为众生"。是全球志工人数最多的慈善组织——慈济基金会的创始人与领导人,开创慈济世界"慈善"、"医疗"、"教育"、"人文"四大志业。二〇一〇年,被台湾民众推选为"最受信赖的人"。如今遍布全球的慈济人,出现在全世界许许多多有灾难与苦痛的地方,通过亲手拔除人们的苦与痛,实践上人三愿:人心净化,社会祥和,天下无灾。

证严上人及慈济基金会的各种义举,得到国家有关部门的重视和肯定。二〇〇六年,慈济基金会获得"中华慈善奖"。二〇〇八年,海峡两岸关系协会会长陈云林访台期间,特意前去拜访证严上人,并对慈济基金会在大陆的各项慈善行为,做出了高度的评价。二〇一〇年八月,经国务院批准,慈济慈善事业基金会在江苏省苏州市挂牌成立,成为大陆第一家,也是唯一的一家由境外非营利组织成立的全国性基金会。

一九八九年,证严上人发表了第一本著作《静思语》(第一集);此后的数十年来,证严上人的著作,涵盖讲说佛陀教育的佛典系列,以及引导人生方向与实践经验的结集;这些坚定与柔美的智慧话语,解除了众多烦恼心灵的苦痛与焦躁。台湾民众有这样的说法——

无数的失望生命,因展读上人的书而回头;
无数的禁锢心灵,因展读上人的书而开放;

许多的破碎家庭,因展读上人的书而和乐;

许多的美善因缘,因展读上人的书而具足。

证严上人的著作问世后,在海内外均产生广泛且持久的影响。最近复旦大学出版社获得静思人文志业股份有限公司授权,在中国大陆推出"证严上人作品系列丛书"的简体字版,包括:静思语系列、人生系列、佛典系列三大书系。《调伏人生二十难》属于佛典系列,深入浅出地以时事实例进行讲解,期待帮助人人——调伏人生二十难。希望能给读者以启迪。

复旦大学出版社

二〇一〇年十月

序

解脱五浊破难关

三十多年来行于慈济之路,因此时时有国内外的救助行动,也由此更感受到地球上天灾、人祸频传,这一切都很令人担忧!但是"天灾不可怕,人祸才真正可怕",人心不平引起大自然四大不调,造成毁灭性的天灾,最后灾难还是降临在人类自身,所以"心灵灾难"更应时时防范。

社会风气的病毒,慢慢侵蚀人的身心,使原本清净的本性受到污染,产生贪、瞋、痴、慢、疑五种烦恼。有了烦恼,就无法透彻道理,遇到挫折看不开,遇到好事也不会响应,这就叫做"浊"。

在《阿弥陀经》上提到"五浊"——劫浊、见浊、烦恼浊、众生浊、命浊。这五浊充塞于现今人心混乱的社会,造成人心不和、种族冲突、阶级斗争、国际纠纷，甚至宇宙灾难，真正是名副其实的末法时代五浊恶世。

"劫浊"就是时间流转所造成的变动。像是从农业社会进入工商业社会之后，时间促成科技的进步，却也拉远了人心的距离，人性真诚亲切的爱变得淡薄，这就是劫浊。

"见浊"则是成见偏见所引起的纷争。人与人之间的见解如果不合，感情很容易起冲突，甚至会彼此对立，从小而大，从个人之争到国家种族的对立，由于缺乏正信的见解，会使得人心、社会失去平衡。

第三是"烦恼浊"。因为见解偏差，难免就会到处碰壁、事事不如意，如此烦恼覆心，一有事情不顺意就立刻翻脸，在恶性循环之下，非但无法解决事情，反而作茧自缚不得解脱。

再来是"众生浊"。自己独处时，没有对象可以发脾气，但是与人相处时就会起分别心，分别喜欢不喜欢，这就叫做众生浊。其实喜欢或不喜欢都是一种执著，有执著就有烦恼,执著不断,烦恼就不会平息。

最后是"命浊"。有人请问佛陀生命从何开始?佛陀回答:"无始。"什么时候结束?"无终。"生命无始无终。在"分段生死"的寿命中,虽有生、老、病、死的变异,但是慧命却是无始无终,一般人称它为"灵魂",觉悟之后就叫"慧命"。人生在世,如果不能把握生命的良能以增长慧命,就只能在生命浊流中不断地挣扎,这就是命浊。

这五浊都是起于人心,心镜蒙垢烦恼不尽,生命中的种种困难便会如影随形。"人生在世迢迢难",佛陀告诉我们人生有八万四千烦恼,每种烦恼都是一个难关,这些困难一样起于人心不平,所以说人生不只有二十难,而是八万四千种种难关。

娑婆世界堪忍事多,如此重重困难,压得人喘不过气来。佛陀因此教导我们调适内心的方法,将八万四千难关,归纳为最基本的二十项总则,即是二十种修行者常见的烦恼,称为"人有二十难"。见著知微,常说天下一勤无难事,只要以信心、毅力、勇气来面对人生种种磨练,相信再困难的事也能加以解决。

过去我曾经解说过这二十难,并结集出版。而后由郭孟雍居士作曲,王端正居士摘取原书中精粹部分作为歌词偈颂,祈愿所有慈济人能借记诵歌词之便,将佛法深入浅出地映入心田、琅琅上口,时时自我勉励鞭策。歌词偈颂耐人寻味,我即就此辅以事例,再次与大家一起探讨"二十难偈颂"的意旨深味。

近来常勉励大家要"合心、和气、互爱、协力",即是运用团队潜移默化的力量,来修正自我的不圆满,提携彼此的精进心,在浊世中推动人间的菩萨志业。修行是为了去除烦恼和习气,恢复清净的本性。

我们不是为了享受而来人间,是为发挥生命良能而甘愿走入红尘,为众生服务。若能将自我的生命净化,就没有"命浊",净化自己之后也净化他人,与人人结平等善缘,就没有"众生浊"。如此,人人是好人,时时都感恩,就没有"烦恼浊"。既然去除"烦恼浊",就没有"见浊",因为你的意见就是我的意见,彼此都能互相配合,每一时间都在互增道业,当然也就不为"劫浊"所困,生生世世精进于菩萨道路。

期盼大家在实际的付出中能日趋圆觉,排除凡夫无明烦恼所造成的种种困难,日日迈向解脱之境,身心轻安,念念吉祥。如此,人生在世又有何难!

释证严

二〇〇二年二月十六日于静思精舍

缘起

有心对治就不难

佛陀是天人师,是大觉悟者,是大智慧者,是大慈悲者,为了不忍天下苍生受苦难,以无比的慈悲与愿力,誓度一切众生,让众生能够离苦得乐。

但是众生心性不定;五蕴炽盛,难调难伏,虽身陷无明而不自知,于是在人生的旅途中,就会产生无数的障碍与烦恼,如果不即时医治,就会越陷越深,终至病入膏肓,无法自拔,这样的人生能说不苦?这样的生命能说不悲吗?

就像西方哲学家所说的:要医好自己的病,必须先承认自己有病,承认自己有病,才能对症下药,病苦才有治愈的机会。可惜众生大都不肯承认自己有病,即使承认了,也不知道自己得的是什么病。不知道自己是什么病,当然就会病急乱投医,其结果是病上加病,苦上加苦,于是病苦相因,终无了期。

佛陀以他的智慧力,指出了人生的二十种心、行与意念的困境与偏差,心行与意念的困境和偏差,就是一种很严重的心理、行为与意念的病态,因为它们都不是人生应有的常态。常态才是健康的,病态当然就是不健康,佛陀在《四十二章经》中就指出了人生有二十种心理、行为与意念上的困境与偏差,而凡夫往往以反常为正常,不但无法自觉到自己这些心、行与意念的偏差,反而执非以为是,成为突破困境,纠正偏差的障碍,所以佛陀才称这二十种人生的困境与偏差为二十难。

证严上人教导弟子应自觉觉他,所以特别强调修行的重要,而要修行,必须先觉悟人生的行难、言难与心意难。因此,曾利用早课修持时间,讲解佛说"人有二十难",并提出了对治的良方,反复阐释"只要有心对治就不难"。

上人讲述的佛说人有二十难,我们把文稿结集成书,并已由静思人文出版。现在根据上人的讲述,转换成歌词的形式表现,并由郭孟雍教授作曲,期望能用歌唱的方式达到更大的佛法教化效果。

生命有无限的潜能,人生有无限的可能,佛陀虽然指出了"人有二十难",诚如上人所强调的只要有心对治就不难。于是上人对每一种难,都开出了对治良方,并用生动活泼的人生实例,不厌其烦,深入浅出的反复诠释说明,心病要靠心药医,能医治自己,克服人生二十难的,也只有自己。因为医师只能为病人开出对治的药方,医师没有办法替病人吃药,病人必须自己吃药,病情才有可能痊愈。

把上人所讲述的佛说"人有二十难",简约成歌词,是上人的意见,但在撰写过程中,我们发现难度颇高,因为要把几万字的开示浓缩成几百字的歌词,已属不易,何况还要抓住上人开示的精义与符合歌唱的韵律,就更为困难。非常感恩上人的包容,能够容忍并针对歌词中言不尽意的地方与语焉不详之处,再予详细解说,让大家能更正确了解歌词中的含意与精要。但无论如何,上人要求我们的是:"解行并重",尽管凡夫总是知难,行也难,但我们还是要深体上人"有心对治就不难"的微言大义,上人已开出对治二十难的良方了,就看我们能不能服用与受用了。

二〇〇二年二月十六日

《序　言》解脱五浊破难关 ── ①

《缘　起》有心对治就不难 ── ⑥

《序　曲》天地辽阔 ── ㊻

《第一难》贫穷布施 ── ㊴

《第二难》富贵学道 ── ㊷

《第三难》弃命必死 ── ⑩

《第四难》得睹佛经 ── ⑯

《第五难》生值佛世 ── ⑭

《第六难》忍色忍欲 ── ㊈

《第七难》见好不求 ── ㊈

《第八难》被辱不瞋 ── ⑭

《第九难》有势不临 ── ⑩

《第十难》触事无心 ── ⑯

《第十一难》广学博究 …… 122

《第十二难》除灭我慢 …… 130

《第十三难》不轻未学 …… 136

《第十四难》心行平等 …… 144

《第十五难》不说是非 …… 150

《第十六难》会善知识 …… 156

《第十七难》见性学道 …… 162

《第十八难》随化度人 …… 168

《第十九难》睹境不动 …… 174

《第二十难》善解方便 …… 180

《终　　曲》调伏人生 …… 188

佛说人有二十难——

贫穷布施难，富贵学道难；

弃命必死难，得睹佛经难；

生值佛世难，忍色忍欲难；

见好不求难，被辱不瞋难；

有势不临难，触事无心难；

广学博究难，除灭我慢难；

不轻未学难，心行平等难；

不说是非难，会善知识难；

见性学道难，随化度人难；

睹境不动难，善解方便难。

天地辽阔蕴万物，善恶苦乐随心造；
春来花红秋映月，夏热冬寒实难堪；
人生苦短贵知觉，国土危脆念无常；
难行能行立宏愿，调伏人生种种难；
人生难得佛法闻，柔和忍辱是妙方；
发心立愿六度行，殷勤精进道非难；
一勤天下无难事，心静行正戒定慧；
天地含藏微妙法，体解大道并不难。

佛说人有二十难，贫穷布施第一难；
随业受生轮回转，困顿横逆迢迢难；
布施助人多方法，悭吝未除最贫乏；
心中有爱贫亦富，贫穷布施并不难。

佛说人有二十难，富贵学道第二难；
凡夫易被名利牵，贡高只因权势显；
荣华总是三更梦，富贵如同九月霜；
谦和好礼心有爱，富贵学道也不难。

佛说人有二十难，
弃命必死第三难；
红尘难忍生别离，
贪生畏死人之常；
人生自古谁无死，
留得慧命在人间；
悲智力行菩萨道，
弃命必死并不难。

佛说人有二十难,得睹佛经第四难;

昔时文字诚难觅,读经无心如不见;

修行处世如调弦,自古佛道重实践;

体解佛心正精进,得睹佛经有何难。

佛说人有二十难，生值佛世第五难；

殊胜因缘值佛世，闻法不行亦枉然；

难得人身今已得，勤养慧命聚资粮；

佛心己心行正道，生值佛世有何难。

佛说人有二十难，忍色忍欲第六难；

欲海无边千尺浪，贪婪色欲心煎熬；

财色名利欲难忍，不念无常毁前程；

知足常乐不贪恋，忍色忍欲有何难。

佛说人有二十难，见好不求第七难；
人生大患在贪婪，庸碌一生心难安；
精进弃除身外欲，心中宁静能致远；
清净佛心最轻安，见好不求亦不难。

佛说人有二十难，被辱不瞋第八难；
凡夫总是爱颜面，受欺受辱愤难填；
转化心念从心起，培养不瞋胸襟宽；
一忍天下无难事，被辱不瞋亦不难。

佛说人有二十难，有势不临第九难；

执著权势向高攀，趋炎附势不胜寒；

淡薄名利心最富，不凡人生心自闲；

有时常念无时苦，有势不临就不难。

佛说人有二十难，触事无心第十难；
天下原来本无事，心中常因计较烦；
前脚落定后脚放，悟得真空始是闲；
恒持心净能轻安，触事无心也不难。

佛说人有二十难，

广学博究十一难；

专心学习本已难，

深入探究难上难；

博究学问如登山，

有心还要恒心伴；

慧海无涯学是岸，

广学博究亦不难。

佛说人有二十难，

除灭我慢十二难；

浅薄短见自夸张，

稻穗低头是饱满；

尊人谦己天地宽，

去除贡高与骄慢；

日常生活持正念，

除灭我慢并不难。

佛说人有二十难，

不轻未学十三难；

待人谦和如种田，

插秧后退是向前；

圣人犹能畏后生，

丈夫岂可轻少年；

三人行里我师焉，

不轻未学并不难。

佛说人有二十难，

心行平等十四难；

天生我才必有用，

自古行行出状元；

生命原来本同源，

何必区分贵与贱；

怨亲一如无分别，

心行平等亦不难。

佛说人有二十难,

不说是非十五难;

绮语两舌皆祸患,

祥和人间畏言谗;

修行举止言谈间,

莫随好恶论长短;

扬善隐恶弃偏见,

不说是非并不难。

佛说人有二十难，

会善知识十六难；

良师益友善知识，

普遍天地众生间；

开阔胸襟敞心田，

世间声音皆良言；

缩小自己弃成见，

会善知识有何难。

佛说人有二十难,

见性学道十七难;

邯郸学步迷本性,

薰习懈怠失道心;

人人本皆具佛性,

恒持清净一念心;

把握当下勤精进,

见性学道并不难。

佛说人有二十难，随化度人十八难；

众生刚强难调教，规过劝善万般难；

众生度尽证菩提，菩萨欢喜化人间；

精诚所至金石开，随化度人有何难。

佛说人有二十难,

睹境不动十九难;

道心不坚随境转,

千经万论也枉然;

志玄虚漠心清澄,

守之不动贤圣道;

节制贪欲正心念,

睹境不动并不难。

佛说人有二十难，善解方便二十难；
会事启理方便法，举手投足是妙方；
万法唯心重善解，随机逗教方便法；
不变随缘圆事理，善解方便就不难。

佛示人生二十难，有心对治就不难；
佛心师志慈济路，携手相伴如因缘；
常念此身非我有，慧命长养不退转；
恒持刹那戒定慧，调伏人生种种难；
慈济路上会佛法，心静行正念虑定；
身行心念不退转，妙语如莲不妄言；
真善美德身口意，会善知识并不难；
菩萨心地如净土，人间净土在身旁；
身体力行菩萨道，坚固道心事无难；
人生哪有二十难，人生哪有二十难。

《序曲》天地辽阔

> 天地辽阔蕴万物，善恶苦乐随心造；
> 春来花红秋映月，夏热冬寒实难堪；
> 人生苦短贵知觉，国土危脆念无常；
> 难行能行立宏愿，调伏人生种种难；
> 人生难得佛法闻，柔和忍辱是妙方；
> 发心立愿六度行，殷勤精进道非难；
> 一勤天下无难事，心静行正戒定慧；
> 天地含藏微妙法，体解大道并不难。

"人生在世迢迢难"。人活在世间，其实有很多困难，难在哪里？难在人心。佛陀的教导，无非就是要我们懂得如何坚持、内心如何调适。世间事虽然样样困难，但是"一勤天下无难事"，只要我们精进不息，再困难的事也能得到解决。因此，佛陀将人生的困难归纳为二十项总则，其中无非都是人心的烦恼。

接下来,我们就从"序曲"开始来看。希望大家在了解意义后,都能配合乐曲来记唱,让它成为每个人心中的灵山妙药,时时用在生活中,以排开种种困难。

"天地辽阔蕴万物,善恶苦乐随心造",蕴,就是蕴藏的意思。

有一位老人家,人家问他,天地总共有多宽?这位老人回答"三山六海一分田",意思是地球上高高低低——三分山、六分海,才有一分田,也就是说天地间的范围十分宽大。山里面所蕴藏的植物、动物种类很多;海中的生物也是如此,而田地则是粮食生产的源头。

就大地上的人类而言,在一片无际的地球上,蕴藏的生机究竟有多少,其实是无法计算的,所以"天地辽阔蕴万物",在生生不息的万物中,我们应该用心加以分析清楚。

"善恶苦乐随心造",天地之间,万物相生相克;而人与人之间,也会互相扶助或迫害。互相的扶助就是善,而互相的迫害则是恶；善与恶、互助与迫害，都在一念心。心若为善，力量会很大，反之，一念心恶，则足以危害人类社会。

"春来花红秋映月"，天地如何成长万物？这是因为它包含四季。春天来时，我们能看到大地万紫千红，一片翠绿，充满无限生机，秋天则是万里无云、明月清朗，这就是春、秋不同的景色。天地之间，美妙的景致很多，春时大地生机勃勃，但是到了秋天，草木枯黄，呈现生与灭的不同面貌。

夏天炙热难耐；冬天则冰冷难堪。譬如非洲的气候非常炎热，不要说非洲，光说台湾，九二一地震之后，好些人住在铁皮屋中，当夏天来临，屋内实在是闷热异常。此外，风雨来时出入更是不便，到了冬天，薄薄的铁片无法御寒，夏热、冬寒，真的是一件苦事。

以非洲人而言，他们一辈子都得待在炎热如火炉的环境。另外有些人则是住在冰天雪地里，一年之中差不多有八个月都是霜雪不停，这样过日子实在非常艰难。

所以说"春来花红秋映月,夏热冬寒实难堪"。

人生苦短贵知觉

再来"人生苦短贵知觉,国土危脆念无常"。人生确实苦短,短短几十年,最苦者就苦在迷而不觉。我们如果能好好把握人生,那么,即使时光短暂,只要能了解道理,进而觉悟,就是最可贵的人生。

到底人生所要觉悟的是什么呢?应该往天地间观察及思考,时时念无常。近几年来,我们能感觉到,天地间真的是国土危脆,山河大地变化无常。从九二一地震至今,我们所居住的台湾这个大环境,常常听到土石流、山崩,地质松动后,水土完全失去了功能。水土保持无法健全,所以稍微下个雨,就产生土石流的现象,整座山说崩就崩。

还记得在几年前,德格台风在南投信义乡造成整座山滑动,真是令人怵目惊心。我们应该要常常提高警觉,虽然人生苦短,但是也要时时启发我们的觉性,警觉国土危脆、人间无常的道理。既警觉无常，进一步就要修行以求得智慧，了解万物相生相克的道理，即能降伏种种困难，所以说"难行能行立宏愿，调伏人生种种难"。

修行当然是一件很辛苦的事，就是因为辛苦，才叫做修行。我们要立下宏大坚定的志愿，并且调伏人生种种困难，其中最主要的是调伏自我的内心世界。所以说"人身难得佛法闻，柔和忍辱是妙方"，因为我们这个身体已经是难得了，如果可以听到佛法，就更加不简单。

既得听闻佛法，就应该赶快把握。但是，尽管坎坷的人生中众多困难当前，只要将佛陀指导的"柔和忍辱"，自如地运用在日常生活中，就能适应万物、体解宇宙真理，所以"柔和忍辱是妙方"。我们要好好训练自己的心，调伏刚强的心，转化刚强为柔和，进而做到忍而无忍。

发心立愿六度行

我们还要再"发心立愿六度行，殷勤精进道非难"。六度就是菩萨道，六度如果能深入，也就是万行齐全，想要行于六度、圆满万行,唯有发心立愿并且殷勤精进,如此行道就不困难。行道是靠步步精进,脚步若不停,路一定走得到。

再来解说"一勤天下无难事,心静行正戒定慧"。世间虽有层层困难,修行虽然步步艰难,但是只要我们勤劳,天下就没有困难的事。一切皆从心而起,所谓精勤之道就是内心要保持冷静,心静自然身形端正,走路就要走正路,脚下的路一失去规矩,差毫厘而失千里。如何规划脚步,走在人生道上毫无障碍?唯有戒、定、慧,如果我们可以自我调适身心的规则,并且稳定志愿,自然就可以启发智慧。

再者"天地含藏微妙法,体解大道并不难"。天地之间含藏很多微妙的道理,如果能用心深入,要想体解大道并不难。开头第一句的天地蕴万物,所指的是有形的天地,宇宙之间有形的万物。现在这个天地含藏则是指内心世界,我们的内心蕴藏许多智慧妙法,只要能一勤精进,绝对没有困难事。

我们的心能静、行能正，一切从心净化，如此一来，心境必定非常辽阔，也将蕴藏无限无量的智慧！体解大道唯从内求，修行最重要在于耐心，希望大家从日常生活以及种种人事的磨练中，从内心寻找妙方，学习调解生命中的诸多难题。

以上就是二十难偈诵的序曲释义，以下再逐步浅释二十难偈诵的内容。

序曲：天地辽阔

《第一难》贫穷布施

> 佛说人有二十难,贫穷布施第一难;
>
> 随业受生轮回转,困顿横逆迢迢难;
>
> 布施助人多方法,悭吝未除最贫乏;
>
> 心中有爱贫亦富,贫穷布施并不难。

佛说"人有二十难",难道只有二十难吗?其实,人生有千万层困难,但是佛陀告诉我们,如果想要修行,心灵上比较容易产生的困难大约有二十种,而这只不过是举个总纲。

在佛说的二十难中,第一种困难就是"贫穷布施难"。日常一切举止动作皆起于一念心,这念心能为善也能为恶,我们往往都是在善恶交界中挣扎。如果没有好好调伏自己的心,恶念很容易就会产生,所以佛陀教我们要"诸恶莫做,众善奉行"。

所谓诸恶莫做,也就是要我们反观内心,如果有恶念生起,就要即刻断除;如果没有,也要注意不让它产生,这就叫做戒。"已生恶令速断,未生恶令不生",这就是修行,从内心常常自我警惕。

此外,我们心中如果还没有善念,自己就要赶快培养这分善念、启发爱心。如果这分心已经开始萌发,接着就要付诸行动,想办法把握机会,让善念能不断地增长,这就叫做众善奉行。

行善,对一般人都不见得容易,何况是贫穷的人!但是,为善就是要付出,这实在是有点困难。佛世时的出家人,只有三衣一钵,并没有多余的东西可以布施,不只是修行者身无长物可供布施,其实社会上一般人,有的人很想做,却心有余而力不足,他会说:"我平常生活就有困难了,教我如何做善事?"

"贫穷布施第一难,随业受生轮回转,困顿横逆迢迢难",在这段文字,佛陀告诉我们,贫穷布施是人生的第一难。我们要去追究为什么会贫困,不是常说因缘果报吗？贫穷的因,根植在过去生中；贫穷的果,就在今生此时显现。

时空包含了过去、现在、未来,所以过去因、今世果；今世因、来世果,这种随业受生的轮回生生不息。我们既然过去生中种了贫穷的因,那么今世就要赶快去除,进而为来世的果报造福。

但是"困顿横逆迢迢难",就是事事都困难,我们应该要从何做起？佛陀说"布施助人多方法,悭吝未除最贫乏"。布施,其实有"财施、法施、无畏施",只要愿意尽一分心,都叫做布施。

佛世时,贫婆从衣角撕下一块布,供僧布施,这也是佛陀最欢喜的布施。当她一无所有时,却能尽其所能付出,这种布施功德多大！尤其布施不一定事事都用物质,我们可以轻声柔语地说话,将自己所知道的法,用来调理他人内心的烦恼,这就是法布施；当别人惊惶不安时,我们能用爱去安抚他,让他心意开解,这也叫做布施。

但是,"悭吝未除最贫乏",人只要有悭吝的心,就算他拥有很多钱财、力量,却贪得无厌,那也算是贫穷人的一种。因为他常常会说"我还不够,等我足够的时候,再来帮助别人"。

乐善好施的老夫妇

"心中有爱贫亦富,贫穷布施并不难"。大林慈济医院启用时,有很多感动人的事,其中有一对八十几岁的老夫妻,他们年轻时也曾听过有关慈济的事情——很多人每天存五毛钱就能救人。他很欢喜,自己也想去帮助人,可是他们的家境贫乏,有六个孩子需要抚养,所以当时没有办法付出。

老阿公说,后来六个孩子都成家立业了,也都建立自己的小家庭,只剩他们两老住在乡下,他们决心"跟会",慢慢累积,并立下一个心愿——做对人有利益的事。有一天,他看见一家医院开车去载人就医,就想:现在大林慈济医院即将启用,如果能买一辆车,给村里那些出门没车或行动不方便的人使用,如此一来,若有人生病,就可以方便大家去看病。

打定主意之后,他就很欢喜地四处探询——一辆九人座的车子大约需要多少钱?有人说二三十万,也有人说三四十万。他算一算,把会标下来差不多已接近这个数目。医院就快要盖好了,他们夫妻很关心工程进度,几乎每天都去工地,然而,工地容易发生危险,平常人不能随意进入,因此他们就被挡在外面。

虽然如此,他们夫妻仍时常骑着摩托车相偕而来,坐在医院对面的树下。有一天,他们看到很多人进入工地参加志工培训,老阿公就问人:"这么多人都能进去,我也要进去,我想知道要如何替慈济做事。"

大家听了,觉得这位老人家很有心,又看他每天都乖乖地坐在对面,就带他们进入。我们的常住志工出来招呼,他就说想要捐一辆救护车。志工问他:"阿公,你是怎么来的?"他说:"我住大埤,骑摩托车来的,你看我那辆'铜管仔车'(闽南语)。我都载我太太来看工地,现在医院快盖好了,我想要赶快买一辆车。"

志工听了很感动,从大埤骑摩托车到大林,老人家慢慢骑也要一个小时,然而为了助人的心愿,他一直风雨无阻地关心医院,这种精神实在很感人。我们的同仁曾去看阿公住的地方,了解阿公捐了钱会不会影响家庭经济?才知道阿公很节省,他们所住的房子十分简单,而且房子破了也舍不得修理,两个老人也舍不得用瓦斯,他们用小灶煮饭,并且在屋前、屋后捡柴草当燃料。

阿嬷就说:"年轻的时候吃蕃薯粥习惯了,节省也没什么不好啊!这样做好事比较快乐,这也是我们的心愿,如果做得到,我们会很欢喜。"大家听了都很感动,其实一辆救护车不只三四十万,最简单的救护车也要将近八十万,他们标了会才有四十万,数目还有一段距离。不过,他们的这分爱心启发了很多人的善念。

共襄盛举圆美梦

当我们的同仁知道这个故事,大家就在每个角落张贴消息,希望共同完成阿公的梦,所以每个人就乐捐一千、两千或是五千、一万,甚至有人说第一个月的薪水要全额捐出。结果,原本要买一辆车子,由于大家的发心,最后竟变成两辆车。

阿公、阿嬷两人都已经八十几岁了,他们本来就有分善念,虽然年轻时很贫困、很辛苦,然而这几年来,他们不断地累积,让这分善念不断增长。所以,贫穷布施有何困难?只要心中有爱,虽贫亦富,不只自己能付出一分力量,更能启发他人的爱心共同来完成。

现在大林慈济医院启业了,阿公每天随车到乡下地方,运载没有车子、行动不便的病人到医院就诊。阿嬷说:"我每天来医院就算在这里傻傻地坐着,我也很欢喜。"这真的是很感人。

可见只要我们有一念爱心,日日不间断地培养增长,用长远心来付出,最后必能"粒米成箩、滴水成河",大家要有信心!

《第二难》富贵学道

佛说人有二十难,富贵学道第二难;

凡夫易被名利牵,贡高只因权势显;

荣华总是三更梦,富贵如同九月霜;

谦和好礼心有爱,富贵学道也不难。

学佛路上,最重要的是调适身心,身心调好,世间就没有难以解决的困难。人生最大的烦恼是心中有贪欲,佛陀告诉我们,生命不久长,寿命一期期不断地轮转,我们容易在无常、短暂的生命中起惑造业,因业力、烦恼的牵缠,让人人心行颠倒迷失。

我们知道富贵学道比较困难,因为富贵的人容易迷失道心,生起贡高我慢的性格。世间有多少人,在尚未显达前非常努力,低声下气,认真地付出自己的能力,以争取他人信任。有朝一日,当他财、名、利共聚时,贡高我慢心就随之而生,忘了当初困顿的生活,这是因权势名利牵缠着他的心。

凡夫易被名利牵

佛世时,很多的国王、大臣也皈依三宝,虽然他们处于富贵名利当中,但是经过佛法的洗练后,逐渐了解佛法的真理,进而成为一国仁王。不过,在佛法普遍人心的同时,也有人在其中生起利养心。

譬如提婆达多,他原本是佛陀的弟子,在皈依出家后,看到佛陀受到很多人尊重敬仰,许多国王、大臣、长者都来皈投佛陀座下。佛陀能统理大众,提婆达多看在眼里,羡慕在心里,于是就开始生起贡高心。

因为他本身的条件不仅是释迦种族,也是王子之一。他想:既然佛能得到天下人的尊重,难道我就不可以?于是,为了要超越佛陀,他开始追求利养。当时频婆娑罗王的太子阿阇世年轻气盛,也有着贡高我慢的心态,又受提婆达多的影响、唆使,两人意志相投,最后竟衍变成一个篡夺王位、杀父害母；另一个则是出佛身血，屡次想尽办法要伤害佛陀，分散佛陀的僧团。

提婆达多很聪明，就因为太聪明，所以利口辩词，显现神通，唆使阿阇世，使他心态偏差，害父篡位。所以，人生一切都在一念心，这念凡夫心容易被名利牵制，造成不堪设想的后果。

如果他能认定"人生无常"，淡泊名利，就会不争不取。以提婆达多的资质，如果能清净自我的内心，不也是一种智慧的表现吗？纯真的智慧就是学佛的成就，如果没有运用智慧，只是利用聪明，就容易堕落。提婆达多后来另组僧团，与佛对立，这是很遗憾的事。他认为自己应该与佛陀平等，他的力量并不输给佛陀，所以无法尊师重道，这种贡高的心态，就是由于世间的权势，迷失了他的心志。

荣华总是三更梦

"贡高只因权势显"，当人拥有权势时，就会想要炫耀自己,这是人的毛病;同时也代表着不觉、缺乏智慧,也就是迷。"荣华总是三更梦",荣华富贵到底是什么?有智慧的人,在短暂的人生里,视荣华富贵如同浮云、梦境,也如草上的露水。而愚痴者则是被权势名利所迷惑。

释迦牟尼佛原是一个国家的太子,他能享尽天下的富贵荣华,但是一个真正的智慧者,所要追求的却是真实的人生,以及内心的觉性;愚痴者则为了短暂的名利、权势,造成惶恐、不安等等的烦恼。而佛陀有一番觉悟,"富贵如同九月霜"——九月是秋天,不应该有霜,就算有霜,也是薄薄的一层。富贵像什么?薄薄的一层霜,太阳一出现就融化了。富贵荣华总是如梦如霜,所以都不是长久的,真正长久的是要求取学道之法。

孔子曾说:"朝闻道,夕死可矣!"一天当中,如果我们能听闻真理,今晚就是死了,也会很欢喜。孔子是人人尊重的至圣先师,在他晚年时,还不停地追求真理,他觉得能得到一句真理,就是死也甘愿。可见心与道合真是不简单!往往有钱、有权、有势的人,容易将道理当作多余,甚至连信仰宗教也很不屑,宗教在他们来说是一种迷信。

有些人虽然相信佛法,但却有所偏差,只想借此求名利、富贵,这都是不正确的信仰,也不是真正的道理。做人不是有权有势,别人就会尊重我们;也不是享有荣华富贵,别人就会敬爱我们。从前有句话"富不过三代人",可见富与贵并不是永恒的。

我们曾经看过从大陆贵州带回来的录影带或相片,从当地的建设看来,可以想象在几百年前,一些建筑物应该都是达官贵人们居住过的,虽然历经风霜岁月,房子都破坏了,不过,看到房子内的摆饰,追溯在几十年前,肯定曾有富贵人家居住过。而这个年代,也只不过经历了三代或五代,却已败坏不堪。

五家共有何足贪

看看现代的社会也是如此,富有人家不仅有许多的烦恼,进出也十分不便。人云:富有是"五家共有"。什么叫做"五家"? 第一是天灾。譬如地震的发生——现在大家都很担心地壳的变动,因为地震带很活跃,四处都可听到地震的消息。

又如水灾——我们常常看到不论海内外,稍微下个雨就会洪水泛滥。近年来,也时常听到土石流的发生,一次次令人心惊胆怯。水灾的力量很强——过多的水会造成灾难;但是缺水的地方又会变成干旱,以致地上的五谷杂粮无法收成。这种水大不调,让人类依存的粮食发生问题。譬如这几年来,不论在非洲或北朝鲜,还有印尼、柬埔寨等国家,都曾经发生过干旱。

同一个国家,有时一边是干旱,而另一边却是大水灾,之前朝鲜就是这种情况——干旱的地方就完全干旱,而水灾的地方,农作物已完全流失!这种水大不调的灾难,的确很可怕。

再者是火灾。俗话说"水火无情",有时发生山林大火会不断延伸,烧了一两个月还无法熄灭,整片山林就此付诸一炬,这就是天灾之火。然而有时火灾的发生,是人为蓄意纵火,这也是很可怕。

此外,还有风灾。我们常常听到超级台风、飓风、龙卷风,它的威力及破坏性,实在是不堪想象。发生了地震、水灾、火灾、风灾这四大天灾,即使财产拥有得再多都保不住,而天灾似仍频传。

除了天灾以外,还有人祸,人祸就是战争。刀兵劫的战争时刻,在过去有第二次世界大战,以我们的年龄,真是不堪回首。战争实在很可怕,所以人祸十分骇人。

第三是贪官污吏。财产愈多,容易树大招风。在政局不稳的国家,贪官污吏愈多,苛征杂税就会愈多,富有的人就愈危险。

第四就是强盗、恶霸。强盗通常针对富有人家下手。所以富有人家对强盗的警惕心很强,他们出门都有保镖护卫在旁,而房子四周则需要铜墙铁壁的防护,这些都是在预防强盗的侵略,但是却防不胜防。

第五,不肖子孙。有的长辈很殷勤,为了拓展财富而拼命置产,但是,一旦有了不肖子孙,财产就难以保全。所以富贵其实很无常,地位愈高、争权夺利的事愈多,所以说权位富贵都很难保。因此我们应该明了"荣华总是三更梦",富贵有如九月霜,风一吹、日一晒,什么都没有了。

真正能够让人尊重的,是当我们处于荣华富贵时,对人仍是谦和好礼,心中要充满爱,若能如此,学道有何困难呢!

现在社会上,有很多企业家投入慈济,他们放下身段,与众人平起平坐,如此谦和好礼,受到很多人的赞叹与敬爱,这才是真正可贵的人生。所以学道并不难,如果我们能受人恭敬尊重,这才是真正富贵人生。

所以学佛,我们更要常常警惕自己——权位只是帮助我们负起承上启下的责任。富,是一种力量,付出自己的力量去帮助人,这才是真正富有的人生。

《第三难》弃命必死

> 佛说人有二十难,弃命必死第三难;
> 红尘难忍生别离,贪生畏死人之常;
> 人生自古谁无死,留得慧命在人间;
> 悲智力行菩萨道,弃命必死并不难。

人生世间,最主要的就是有心境上的烦恼,所以才会事事皆困难,分分秒秒也困难。

"佛说人有二十难,弃命必死第三难;红尘难忍生别离,贪生畏死人之常"。人最尊贵的就是生命,每个人都很怕死,有谁愿意放弃生命?虽然有生必有死,这个道理人人都懂,但是能够真正看开生死问题的人却不简单!

以医院里的情况而言,多少人一听到病痛,心情就会变得很痛苦、惶恐,难得自在;在生死边缘不断地挣扎,即使医师已经宣布药石罔效,他仍是无法放下。尤其我们身处红尘,也就是在凡夫的世间,生离死别种种难舍,实在是苦不堪言!看看世间有多少人为情、爱的分离而痛苦。

乞讨芥菜子

佛世时有位母亲,她的孩子出生没多久就往生了,这位母亲痛不欲生,乃至发狂,抱着孩子四处求医,希望孩子可以再度复活。她同样也到佛前祈求,佛陀看她已经无法冷静了,只好告诉她:"你的孩子能救活,但是需要你去付出、去尽心。"

当母亲的只要有一线希望,不论需要怎样的付出或尽心,她都在所不惜。佛陀就说:"你去向没有死过人的家庭,讨芥菜子。"芥菜子在印度是很普遍的东西。这位发狂的母亲听到佛陀这么说,神智暂时清醒了一些,她先将孩子放在佛陀面前,自己就到每户人家去乞讨。虽然芥菜子家家都有,但是她却找不到没死过人的家庭。

从日出一直到日落,她仍然空着双手,以惨淡的心情回到佛陀面前。佛陀慈祥地问她:"你有没有找到不曾死过人的家庭,讨来芥菜子?"这位母亲对佛陀说:"芥菜子家家都有,只是没有不曾死过人的家庭。"佛陀就说:"人生有生必有死,生命无常,没有固定的年限。人人皆是因缘聚合而来,因缘消散而离开,你又何必苦苦追求?"

妇人听到佛陀慈祥开示的声音,神智逐渐安静下来,心开意解。她了悟生命是无法强求的,既然人已经往生,不放弃也无奈。人生不也是如此吗?谁能忍受最亲最爱的人与我们生离死别?实在是苦不堪言!

"贪生畏死"是人之常情,但是"人生自古谁无死",我们从来没听过"保命畏死"的人就不会死,所以生死是自然的。不过现代的人,大家都很爱惜生命,讲究的是享受、营养、放轻松,为了保养自己的身体,不知空过多少宝贵时光。我们若能有所觉悟,了解生命随着分秒时日不停消逝,如此一来,我们会更懂得利用生命,在人间多造福业、多修慧命。福业就是利益社会人群,以现代名词而言就叫做福祉。

人身难得,既然有了人身,就应该善尽人生的义务,佛陀教我们要爱护一切众生命,更何况是人类群体!人与人之间,如果不能为他人付出造福,生命又有何意义?

留得慧命在人间

佛陀来人间,原本可以享尽荣华富贵、家庭亲情的幸福,但却放弃一切而修行。他修行的目的,是为了延长众生的慧命,利用觉悟的智慧来造福更多人,开启更多人的心灵智慧,这就是佛陀的生命价值观。

我们都是佛陀的弟子,也应该好好地思考自己的生命价值观。不要在俗做事怕负责任;而出家修行又怕吃苦,这样的话,在俗辛苦,出家也不轻松,那到底该如何是好?做人应该为众生负起责任,所以出家就是要荷担如来家业,宣扬佛陀的精神,引导人人走上这条康庄大道。

不论是为人群付出,或是为道业精进,时间还是照常消逝,所以必定要把握生命,分秒必争。我常常说生命没有所有权,哪怕它是最尊贵的,无常一来呼吸一停,万事皆休。既然没有所有权,还有什么好保护?但是,我们可以好好善尽使用权。有一秒就用一秒,用一天是一天,用一年是一年,若能透彻了解生命的价值,有朝一日在生死的关头,我们就能安心,也就能放得下,不会有生死挣扎的痛苦。

学佛,就是要学得自在、放下,并且懂得把握生命、善尽人生的责任,这才是学佛者真正的本分。人生自古谁无死,生死是如此自然,我们若能好好运用,生命虽然消逝,但却能"留得慧命在人间"。

"悲智力行菩萨道,弃命必死并不难"。我们如果知道人生必定有生、有死,那么人的身体虽然败坏了,但是慧命却可以永远留存。你为人群做了多少,你为人生觉悟的道路开垦多长,这些都将永留世间。修行最重要的是具足悲智;悲,就是慈悲。我们不要只顾自己的身体,应该要有生命共同体的观念,人伤我痛、人苦我悲的心态。

不只是将大地众生当成自己的生命,还要发挥智慧。身体病了有良医可以守护;当我们的智慧生病时,却要靠自己好好地守护慧命。如何利用身体的价值,这是很重要的,所以必定要"悲智力行菩萨道",以慈悲智慧的力量,好好去推行菩萨道,若能如此,"弃命必死并不难"。

我们要有无常观,才能更珍惜时间、精进力行,选择佛陀智慧的康庄大道,向前迈进。

《第四难》得睹佛经

佛说人有二十难,得睹佛经第四难;

昔时文字诚难觅,读经无心如不见;

修行处世如调弦,自古佛道重实践;

体解佛心正精进,得睹佛经有何难。

时日一天天地消逝,我们学佛向前精进的脚步,能否跟得上消逝的速度?"佛说人有二十难,得睹佛经第四难;昔时文字诚难觅,读经无心如不见",这段文字是说想要看到佛经,实在是很困难的一件事。

佛经是佛陀说的法,而佛世时尚未有经书出版。但是,佛陀说"得睹佛经难",可见佛陀的智慧,此句是为未来的弟子所说的法。

观机逗教传佛法

佛陀在世时的教法是随机逗教,人生有何苦难、有何境界，弟子、人群心中有什么烦恼，佛陀就随时观机逗教。佛陀也知道，当这些言论由弟子们口口相传之后，必定经由文字记载而传承，当时句句言语都将是未来的经典。这也是佛陀对未来弟子们的叮咛，提高大家对佛经的尊重。

后来口口相传的佛法，被化为短句记载在贝叶中，而后片断结集。此时文字虽已普遍，但尚未出现印刷术，都是靠手工抄写流传。接着石版、木版、铜版印刷逐渐兴起，才慢慢走入印刷传布，演变的时间距离很长。

何况原始的佛经是以梵文记载，现今懂得梵文的人很少，想要听懂梵文的音声，那就更加困难。为了让后人方便学佛，古代的高僧大德千里迢迢由东向西取经，或由西向东传布佛法。比如古代的玄奘大师以及其他法师们，都曾前往印度投入学习，学成之后，再将藏经带回中国。经过了中国人的智识聚集、法师讲解，而后集众人的文思译为中文。

也有从印度将佛经送至中国的现象，譬如"佛说人有二十难",属于《四十二章经》里的一章,而《四十二章经》就是从龟兹国传来。由摄摩腾与竺法兰两位高僧将梵文送至中国,再由他们对中国的出家人和当时的社会贤达讲解,最后才一段段、一章章结集成汉文经典。

其实,译经要能完全依照原文,一字不漏地将佛陀的原意翻译出来,这实在是很困难。因为以佛陀的智慧,弟子们对佛的谈话能否真正心领神会而流传?再者,这些言语都是口口相传,传话也可能产生误差。

例如我常说的一句话"甘愿做,欢喜受",有的人无法体会其中的含意,往往说成"欢喜做,甘愿受"。"甘愿做,欢喜受"和"欢喜做,甘愿受"虽是同样的六个字,但是排列调换之后,意义就完全不同。

甘愿做,是从内心甘而甜地投入,以最至诚、恳切的心发愿去付出,不论怎样辛苦,内心仍是无限欢喜。譬如前面所说的"弃命必死难",为了救人、对人群有利益,即使非常辛苦,哪怕是牺牲生命也在所不惜,这种对生命价值的调适就会与众不同。所以甘愿就是从内心深处发起奉献的精神与动作，从而得到那分感受，这在佛法而言就是法喜充满。

但是"欢喜做，甘愿受"的意义就大不相同了。"我欢喜就好，错了也没关系！你管得着我什么？"这种欢喜，是随心所欲去做之后所得到的结果，不得不自己承受；既然是自作孽，怎能不甘愿地接受后果！

譬如说，偷盗抢劫或是杀人等等，终究要受法律制裁。当他在犯罪时是随心所欲，而受制裁时则是不得不接受，所以叫做"欢喜做，甘愿受"。短短的六个字，文字一模一样，只是排列方法不同，意义就不一样，何况是从外来的文字翻成中文，这又有另一层困难，所以说"得睹佛经难"。

我们既然无法与佛同世，直接听闻佛陀说法，也无法看到片断留下来的原文，译成的中国古文又很艰涩，一句文言文就包含很广的道理，稍有一点偏差，意义可能完全不同。再者，艰涩的文字大众不易接受、体会，所以阅读佛经就会有重重叠叠的困难。

其实，如果我们不去研究或身体力行，则看经和不看经的结果都差不多。"读经无心如不见"，我们读经如果无心，和没看是一样的；没有运用，和没读也是一样的。道理不是用念的，光是念也念不出一条路，必定要身体力行，好好去开辟这条道路。

修行处世如调弦

再者"修行处世如调弦，自古佛道重实践；体解佛心正精进，得睹佛经有何难"。这句话已经很显明了，修行要从经入道；经者道也，道者路也。我们要开辟一条道路，不断地向前走，愈开愈长，随着境界向前精进，这叫做修行。

处世修行要先将人格修好，修心养性，端正行为。修心养性，就好比弹琴、弹吉他，这些乐器都有琴弦，弦音要调得恰到好处，调得太紧容易断裂；调得太松就弹不出声音或声音散乱。因此要弹出一手好琴，必定要用心将琴弦调得刚刚好。

修行也一样不能偏激,要行于中道。身心的调适要平行,但是绝对不能懈怠,所以下一句说"自古佛道重实践",从古至今,学佛修行,最重要的就是踏踏实实地身体力行。佛道就是觉悟的道路,这条心路不走,绝对无法体会心地的风光,所以我们必定要亲自力行。

我们常常提到慈悲喜舍;慈,就是与乐。看到众生颠倒,我们却独善其身,这就不是无缘大慈;看到众生多灾困苦而不能悲悯救拔,这也不是同体大悲。不肯奉献身心,舍生命尽形寿为众生服务,这就脱离了大舍的精神;无法发广大心立弘誓愿,就无法真正体会佛陀的教育、菩萨的道路,哪里还能得到欢喜!所以要真正体会佛道,必定要亲自深入,投入群众。

佛门的三皈依,"自皈依佛,当愿众生,体解大道,发无上心"。"自皈依法,当愿众生,深入经藏,智慧如海",也就是深入经藏,体会佛心。如果无法体会佛心,怎能了解佛陀的智慧如大海般辽阔,而佛心就是大慈悲心。"自皈依僧,当愿众生,统领大众,一切无碍",这句话就是向佛陀发愿绝对不舍众生,并且要引领众生。

三皈依每天在念,我们应该有所体会。"自古佛道重实践",只要我们能在实践中体会佛心,就能"体解佛心正精进,得睹佛经有何难",时时日日都可沐浴在佛陀的智慧法海中。所以学佛要时时用心,不可懈怠,也不要偏激。

第四难：得睹佛经

《第五难》生值佛世

> 佛说人有二十难,生值佛世第五难;
>
> 殊胜因缘值佛世,闻法不行亦枉然;
>
> 难得人身今已得,勤养慧命聚资粮;
>
> 佛心己心行正道,生值佛世有何难。

佛陀时常告诉我们:人生无常,生命苦短,诸事苦多乐少。在"分段生死"的短暂生命中,若不赶紧启发慧命,突破内心的种种困难,那么不只是今生此世,还有来生来世,生生世世都难以断除这分痛苦艰难。

"佛说人有二十难",二十难中的第五项就是"生值佛世难"。要出生在佛身住世的时代,真的很困难。因为从人类进入历史记载至今几千年的时间里,唯有释迦牟尼佛曾在印度降生,距今已是两千五百多年。

在这之前或之后,人类的记载之中都没有任何一尊佛出世。

今生此世我们好不容易能听闻佛法,但佛陀却已入涅槃两千多年,只留慧命在人间。"殊胜因缘值佛世,闻法不行亦枉然",我们要与佛陀同世而生实在很困难,就算与佛同世,如果无缘接触佛法,或是闻法而不知实行,就算与佛同世也没有用。

流离失所寻庇护

佛在世时,当时的民生大都很困难,贫穷苦难、流离失所的人很多。其中,有一群流浪在外又找不到工作的人,他们的生活总是三餐不继。

有一天,这六七个流浪汉看到佛陀僧团的队伍很庄严,又看到佛陀带着比丘们到家家户户去托钵时,每个家庭都十分恭敬地接过比丘手中的钵,盛满整钵的饭菜,来供养佛与僧。

那种献供、礼拜供养的景象，令流浪汉们觉得很震撼。想想自己为了生活而流离失所，如果去乞食，不仅得不到施主的供应，还得受人冷眼批评。然而，比丘们同样是托钵乞食，却得到人民深深地敬重。于是这六七个人不断地议论着——如果我们加入僧团，生活就不用担心了，也不用找工作做，多轻松！

于是，他们相约来到佛陀的精舍，恭敬礼佛，恳切地要求佛陀收留，让他们出家加入僧团。佛陀看到他们态度虔诚，就慈悲地允其所请，为他们剃度。

他们再也不用为了生活而烦恼，所有的信徒对僧伽比丘都非常尊重。他们很欢喜，甚至得意忘形，每天托钵回来，吃饱饭无所事事，六七人便结为一党，天南地北，谈天说地。这种戏言嬉笑、放纵无度的形态，僧团中其他的比丘看在眼里，心里很不以为然。

有一天,一位年轻比丘实在看不过去,就向佛陀诉说他们懈怠、放逸、不顾僧伽形象的状况,根本就是僧团中的败类。佛陀听了之后也很无奈,就对年轻比丘说:"这是一群在生死中流浪的可怜人,他们为求活命而进入僧团,所以迷失了慧命。"你去叫他们来,我想对他们说话。

年轻的比丘遵照佛的指示,呼唤他们前来,佛陀怜悯恳切地辅导、鞭策他们。这几位放逸的比丘终于如梦初醒,了解到生命无常,虽然与佛同世,自己却不知觉醒,仍流浪在六道苦恼的漩涡里。最后他们厌弃了过去放荡的生活,开始寻求慧命的解脱,不再为生活苦恼奔波。

这段故事可以用来自我警惕——虽然是与佛同世,也在佛前剃度进入僧团,然而如果不懂得及时把握,好好实践佛陀的教法,哪怕是在佛的面前、佛的座下,也是一样浪费生命。

"殊胜因缘值佛世",人身难得今已得,佛法难闻今已闻,若能了解佛陀的教理,就算离佛很远,也像与佛同住在一幢房子里。其实,佛陀虽然离开人间,如果我们能将佛陀的法身慧命沿留下来,并且好好地依教奉行,其实与佛同世无异。

所以我们要将"佛心当成己心",真正的学佛,就是要学得佛心,若学不到佛心,怎样也无法成佛。此外,见佛闻法,最重要的就是要把握这一念心,如果不好好把握,再好的法,用在我们身上都可能变成相反的结果。

闻法误解心狂乱

譬如佛世时,当时在舍卫国的祇树给孤独园,有一天来了一位失去儿子的父亲。虽然他是一位婆罗门,对宗教也稍有了解,然而面临与最亲爱的家人死别的时刻,同样也是无法接受。最后他发狂了,到处乱跑,看到人就问:"你有没有看到我儿子?"好几天的时间都不曾进食、睡眠,心念完全狂乱了。

他一直来到佛陀的精舍,也同样询问佛陀:"瞿昙沙门,你知道我的儿子在哪里吗?"佛陀告诉他:"人生恩爱别离,怨憎会苦!"这位父亲心已狂乱,听不进任何言语,转身又跑了。但是脑海中依稀记得佛陀说的"恩爱别离,怨憎会……乐",就四处告诉他人:"瞿昙沙门这样告诉我——恩爱别离,怨憎会,快乐。"

有些人听他这样说都觉得很奇怪:佛陀是位有智慧的大觉者,怎么会说"恩爱别离,怨憎会,快乐"?后来这句话就流传开来。有一天,波斯匿王与末利夫人在城楼上观看人民聚集,看到不同以往的景况,原本大家都是安分守己地买卖东西,怎么这一天却三三两两地交头接耳,到底发生了什么事?

于是就问身边的随从。随从回答:"大家在议论——有一个人向佛陀请法,佛陀告诉他'恩爱别离,怨憎会乐'。"国王就说:"岂有此理!这到底是怎么一回事?"末利夫人是很虔诚的佛教徒,她告诉国王:"佛陀应该不会说这样的话,如果佛陀真的说了,应该也有他的用意。"

末利夫人赶紧派遣一位大臣,前往佛的精舍去询问究竟。后来佛陀又详细地解释:"人生的恩爱别离,是痛苦的;怨憎会时也很痛苦,这都不会快乐。"佛陀重说一次,让大臣再回报给末利夫人。真正恩爱的人要别离,当然会很痛苦,没有快乐;而互相怨憎的人相处在一起,当然也很痛苦,哪有快乐?

从这个事件看来,虽然与佛同世,面对面说的话都会产生偏差,何况在后代?所以说"殊胜因缘值佛世,闻法不行亦枉然"。再来"难得人身今已得,勤养慧命聚资粮",难得的人身今既得,接着就要殷勤地培养慧命。生命原本就有分段生死,然而慧命却是永续的,我们要赶快在人生道上积存慧命的资粮。

"佛心己心行正道,生值佛世有何难",明了生值佛世实在不简单之后,只要我们有心,能体会佛心,自然与佛的境界就会愈来愈接近。

《第六难》忍色忍欲

> 佛说人有二十难,忍色忍欲第六难;
> 欲海无边千尺浪,贪婪色欲心煎熬;
> 财色名利欲难忍,不念无常毁前程;
> 知足常乐不贪恋,忍色忍欲有何难。

学佛就是要让心能日日平静,时时不动念,所以我们必须好好地控制心欲。佛陀说修行的心态,有二十种困难——"佛说人有二十难,忍色忍欲第六难;欲海无边千尺浪,贪婪色欲心煎熬",心的欲念一起就无法平静,时时起心动念,难以控制。所以修学佛法,无非是要克服这分心欲。

然而,有了外面的境界,难免就会产生贪欲。看看孩子刚出生,洗好身体,就开始有食欲,这是与生俱来的现象。

长大了他就会要求穿好的、住好的,一切行动都要方便,这是现代人生活中最起码的追求。但是,好往往还要再好,于是层层追求,欲望无穷。此外,还有人与人之间的关系——见了投缘的,就生起爱欲贪求,求不得,就起烦恼;求得了,又难分难舍,一旦分离就会苦不堪言。这都是对外在的追求,所造成的困难。

心中对境若有了贪念,这念心要静下来实在不容易,所以佛陀说"忍色忍欲难"。我们要知道,一旦欲念太大时,就会像千尺的浪潮一般,吞噬我们的身心,所以佛陀不断警惕我们,这种如海的波浪实在很危险。

又有另一种譬喻,欲念不只如海,也如火;就像一个人背着一捆干的柴草,明知前面有一堆火焰,不但不闪避,还跑向大火,这是多么危险!干柴草一碰到火,不就会惹火上身吗?所以色的贪欲,不只是欲海无边,惹起千尺浪使自身灭顶外,也像背着干柴草冲向火堆,不免惹火上身。

佛世时,有一户人家的女儿长大了,父母想为女儿选择好的对象,偏偏女大不中留,女儿有了自己喜爱的人,对方的家境很贫寒,但是他们努力争取,最后终于结婚了。这对年轻夫妻虽然很恩爱,家庭却很贫困,为人父母的爱女心切,一直想尽办法,要将女儿从贫困的家庭中带回。

然而这对恩爱夫妻难分难舍,纵使父母千般阻拦,也强力争取,但他们仍坚持彼此厮守。最后父母只好趁女婿不在家时,将女儿强行带回娘家。女婿回到家里,发现太太不见了,也心急如狂地四处询问,村里的人就告诉他,太太被父母强制带回去了。

他急忙赶往丈人家,并且带了一把刀在身上。到了丈人家,他一副来势汹汹的模样,让大家看了很惊吓,也就老实告诉他太太在后面墙外织布。年轻人直冲到太太面前,急急地问:"你要跟我回去,还是要留在这里?"太太一时情急,答道:"我想回去,但是由不得自己。"

这位年轻人一听,心想:两个人想要好好地生活,过着平顺没有困扰的日子,却无法完成心愿!所以,他就拿出刀子刺死太太,而自己也同归于尽。这就是因为恩爱难割舍的结果。

消息传到佛陀耳中,佛陀非常慨叹地说:"凡夫就是颠倒!为了爱欲而毁灭自己;为人父母者也是为了爱,反而毁灭了自己的女儿。这都是心的一念无明所造成,彼此受情爱牵制,真是可怜!"

贪迷财色毁前程

不只佛世时如此,现今每天的社会新闻,哪一天没有情杀、凶杀等等的事件发生,这都是因为一念贪心色欲。情欲难收,就会因爱生恨,因恨成仇而互相伤害。为了情欲毁灭前程,造成很多人生的苦难。

此外,在公元二〇〇〇年七月中旬,有两位姊妹到加拿大游学,却发生一死一伤的惨案,这也是出于凶手无法忍得一时的贪婪心所致。后来这个事件破案了,凶手是一位三十多岁的中年人,平日靠打工为生,看起来也很老实。但是案发当时他心中生起贪念,原本是要劫财,看到这对姊妹忽然生起了色欲心。

后来,因为这对姊妹反抗,所以变成一死一伤的惨剧;她们的父母很心痛。而犯罪的人,其实每天的生活都很惊惶,日子也很难过,最后破案了、被抓了,未来的日子又要怎么过?实在是身心两茫茫。所谓"一失足成千古恨",这就是一时没有将心欲关好,坠入茫茫的欲海中,被千尺的浪潮所淹没。

下面一段是"财色名利欲难忍,不念无常毁前程",贪恋世间种种欲念而无法控制,往往会自毁前程。

我们若知道财色、名利本来就是一场空,贪又能真正得到什么?用尽心机,贪财贪色、贪名贪利,最终的人生,不也是"无常来时一场空"。如果我们懂得这些道理,自然就会知足常乐,对境不起贪恋,那么忍色忍欲又有何困难。色与欲,根本不会在内心产生作用,没有贪恋的心,又何须要"忍"。心,如果能时时念无常,自然就会知足常乐,如此,世间就没有任何事情能动摇我们的心志。

学佛,最重要的,就是要照顾好这念心,时时将理念看得开、想得透,那么世间就没有什么困难的事情。所以要将心念调适好,不要被外面的境界影响,这样就会天天平安,时时快乐!

《第七难》见好不求

> 佛说人有二十难,见好不求第七难;
>
> 人生大患在贪婪,庸碌一生心难安;
>
> 精进弃除身外欲,心中宁静能致远;
>
> 清净佛心最轻安,见好不求亦不难。

人生到底有什么困难?其实都是出于一念心,心结打开,一切就不困难。接下来的一段是"佛说人有二十难,见好不求第七难;人生大患在贪婪,庸碌一生心难安"。

"见好不求第七难",这也是在于"心"的问题。人都有一种贪念,不单因缺乏而贪,主要是心态问题——看到东西就想要,然后就会不由自己去夺取。譬如经常在报上看到的,有的男人喜欢偷女人用过的东西。一个大男人却有这种嗜好,喜爱收集女人穿过的衣物,这就是一种心理变态。当他冷静下来时,自己也会觉得不好意思,但是每次看到，还是会不由自主地去偷，这就是心态问题。

有些人纯粹是为了贪，他认为自己的生活比别人困苦，既然别人比我富有，我偷他的有什么不好？这是一种错误的观念，他对自己的行为没有惭愧心，所以一犯再犯；小则偷、大则盗，这种偷盗的心态就慢慢地养成。为了偷盗，不只伤害自己，也伤害他人，有时一失手，甚至会毁灭自己。

所以，迷于物质心就无法调伏，造成"人生大患在贪婪"。大患就是由于贪婪心，造成遗憾人生。但是，这种人一生庸庸碌碌，再怎么偷也同样过得很辛苦，因为他不肯正当地学习一技之长，只是去偷去抢，短暂的欢乐享受完毕，身心依然流离失所。

自造因缘自承担

其实，贫穷不可怕，最可怕的是懈怠，不肯去找正当的工作，只想要轻松过日子，这种心态也是很辛苦。佛世时也有类似的情形——有位贫困的人，他的生活非常潦倒,想去谋生,却找不到合适的工作。

有一次,他看到富有人家在办喜事,非常风光,于是自己就想:我的儿子也已经到了适婚年龄,看到人家的迎娶场面是如此风光,如果我的儿子有了对象,我要拿什么当聘金去迎娶呢?

他坐着想象娶媳妇的情景,忽然间飘来一股难闻的味道,原来是一只全身恶臭的流浪狗。看到这只狗狼狈的模样,再看看自己目前的处境,"我和这只狗又相差多少!我这么贫穷,家里的太太、孩子,我能拿什么养他们?"就因这样的心态,所以他一直不敢回家,流浪在外,潦潦倒倒、庸庸碌碌,苦不堪言。

他想:我为什么会这么穷困,到底是什么原因?于是,他来到给孤独园,将他贫困生活,及流浪在外的苦闷向佛陀吐露。

佛陀听了很同情,就告诉他:"如是因,如是缘,如是果报。由于前世你有着一分贪念,见好必取;偷窃强盗无所不为,致使他人生活困难,甚至有人因此而亡。这都是你过去生中种下贫穷之因,所以今生受到如此的果报。"贫穷人就问佛陀:"我过去生所造的因,现在已经得到贫穷的果报,那么我的将来要怎么办?"

佛陀就说:"从今以后照顾好你的心,不要让内心产生任何的欲念,贪念是贫穷的因,有了贪的念头要及时消灭,更要培养富有爱的心态。"贫穷人说:"我什么都没有,我要怎么付出爱心?我爱我的妻子、孩子,却无法给他们什么,所以我很惭愧也不敢回去,我有爱,但却无法付出。"

佛陀就说:"你还是回去吧!一分劳力的付出,就是一分爱的培养,何况他们所爱的不一定是物质,你可以给他们心灵的依靠。让你的贪念消除,如此贫穷的因果也会慢慢消失。无因不成果,现在要好好造就爱与慈悲的念头,对一切众生平等。"

贫穷者听到佛陀如是说,他想一想:爱,应该是很美的东西。他就想到刚才那只狗虽然很臭,无形中也让他生起怜悯心,所以他将这个心得告诉佛陀:"我刚才对那只狗起了怜悯心。"佛陀就微笑说："是！我们对一切苦难的众生，不只是人，而是对所有生灵，都应该时时生起怜悯心，自然就能培养一分爱念。"

贫穷人明白了，慈悲不一定要有丰富的东西，最重要的是一颗满足的心，切莫因贪欲而求取别人的物质来满足自己。他了解了——贪，是永无止境的；人，是不会满足的。

心中宁静能致远

"庸碌一生心难安"，庸庸碌碌只因一念贪，所以才会觉得不足。只要我们知道满足，愿意辛苦付出，世间其实没什么困难的事。

"精进去除身外欲，心中宁静能致远；清净佛心最轻安，见好不求亦不难"，不是很简单吗？只要精进去除对身外物的贪念，内心自然就会宁静，眼界也随之开阔。所以，我们要为未来着想，不单只是为了眼前短暂的满足，而让身心的举措失误。

佛陀常常说"前世因，今世果"，致远，不是只为了现在，还要想到未来，不单为了目前一点点的满足，就拖累未来长久的人生。所以说"心中宁静能致远"，无亏失、无挂碍，内心自然宁静，智慧开启就能宏观今生未来，这叫做致远。"清净佛心最轻安"，学佛能学得一片清净，与佛心一样没有烦恼尘垢，就是最轻安的状态。

如果能这样，"见好不求亦不难"，看到好的东西，我们怎么会贪求？不只没有贪念，我们还会以爱心去布施。布施，不一定是物质，若能以种种的形态、动作去帮助别人，点点滴滴都是布施。

学佛其实没有什么特别的功夫，最重要的就是"调心"，制伏我们平常错误的动作。举手投足无不是业，开口动舌无不是罪，不论是开口动舌，或者是举身动足，都只在于一念心，如果我们心定行正，生活自然清净、轻安。

《第八难》被辱不瞋

佛说人有二十难,被辱不瞋第八难;

凡夫总是爱颜面,受欺受辱愤难填;

转化心念从心起,培养不瞋胸襟宽;

一忍天下无难事,被辱不瞋亦不难。

"佛说人有二十难,被辱不瞋第八难;凡夫总是爱颜面,受欺受辱愤难填"。佛陀告诉我们人的心中有多少难关要过,其中一个就是"被辱不瞋"的困难。

人与人之间的相处,都有一种自我心态——谁对我好,我就很欢喜;谁对我不好,我就很生气。好与不好,都是在形态上,形态则离不开声与色。脸色不好、行动不好,或是声音不好、传话不好等等,都让我们无法容忍,无法不生气。看看一些冲突事件,往往是由于被辱、瞋怒而发生。凡夫爱面子,好像被人欺负就很没面子,一口气吞不下去,心结难过关,就会发生问题。

每天都有类似的新闻事件发生——原本很好的兄弟,相邀去喝酒作乐,只因几句话不投机或是彼此看不顺眼,就发生口角而后拳脚相向,甚至聚众寻仇,变成打群架、杀人放火等等。这都是因为吞不下一口气,所以看对方不顺眼,这就是凡夫的心态。

佛陀教诫我们——心中最难调伏的除了贪以外,就是瞋怒的心。有了瞋怒,即使平时富有同情心,或多么勤于布施,一旦瞋心发作,还是"一把无明火,烧尽功德林"。任你平时做得再多再好,只要一时火气无法忍耐,过去所做的一切都将付之一炬。

培养不瞋胸襟宽

所以这念瞋恚心一定要好好地降伏。《法华经》中提到一位"常不轻菩萨",他永远都不轻视人,不论人家如何侮辱他、骂他,他都是欢喜接受。他时时低声下气,人家骂他,他还顶礼膜拜;有人打他,他闪避之外,还在远远的地方祝福对方。他就是受持"不发脾气"的法,以宽大的心胸待人处世,这就是降伏瞋恚心。

但是,凡夫只稍微受了别人一点不好的声色,就会觉得"不尊重我,欺负我,让我没面子",这是凡夫的计较心,所以说"凡夫总是爱颜面"。"受欺受辱愤难填",只是稍微受到委屈,就说别人欺侮他,用狭窄的心态,来看待世间的人事。有时明明一句很好的话,他却曲解了,说别人侮辱他。世间常有这类事情发生,我们如果能善解,即使真的听到不好或恶毒的话,也会变成很好的助缘来警惕我们,端视自己如何去看待人、事、物所产生的境界。

如果用瞋怒的心来面对一切的人事物,这样我们的生活形态,也将时时忿忿不平。我常常说,人要懂得善解,才会有包容心,凡事善解,世间哪有坏人?哪有让我们怨恨的人?所以"转化心念从心起,培养不瞋胸襟宽;一忍天下无难事,被辱不瞋亦不难"。

只要我们愿意转化心念,那我们与常不轻菩萨也就相差不远了。希望我们可以做到从内心尊重他人,不论别人如何待我,都用宽大的心去面对。

包容善解致祥和

有一位苗栗的老菩萨,他在路上被一对骑着摩托车的年轻人撞倒,送到医院已回天乏术。

他们全家都是虔诚的佛教徒,也都是慈济人,尤其往生的这位老菩萨,以往也都将静思语中爱人、助人的观念,运用在日常的待人接物上。在他家里,到处都能看见他亲手抄的静思语,这些都是很简单的教化,但是他时时放在心里,应用在生活周围,无形中他的邻居、同村的人也都受到感化。

最难得的是他的家人,从他的太太一直到儿孙辈,整个家庭成员都有菩萨心,全家过着佛化的生活。但是这样的家庭同样会面临无常的到来,八十几岁的老菩萨,早上出外散步,一场车祸就此天人永隔,亲朋好友们都很不舍,更何况是他的家人!但是,每个人都能充分善解、包容,家属们虽然很心痛,但却原谅了这对肇事的年轻人。

其实，家属们怕这对年轻人内心受到惊吓，可能会影响他们一辈子的生活，所以除了原谅他们，甚而还安抚他们，让他们心安。家属们将对方赔偿的钱，以肇事者的名义捐助慈济希望工程，希望今生虽然有这样因缘，但愿将来不会留下坏的结果，甚至能化恶果为善缘。这就是宽大善解的心，加上转念生慧，让社会达到真正祥和的气氛。

若是动不动就对人事不满意，动不动就发脾气，表现出丑陋的形态，这样不仅有损自己的道德，也会带给社会不安定的气氛。所以不论遇到任何事，如果能心平气和，那么戾气也会化为祥和，这实在不困难，只在于转化一个心念。好的心念，若能常常涌现，就会时时吉祥；如果将不好的心念放在心里，日常生活就会有层层难关。

我们要运用自己的心念，慢慢地拓宽心胸。所以"一忍天下无难事"，只要我们愿意忍耐，而且还能忍而无忍，成就真正的大忍，想开了，面对不如意的情境就没什么困难。所以培养宽阔的本性,以善解为起点,包容他人就会成为很自然的事,因此,"一忍天下无难事,被辱不瞋亦不难"。

我们刚开始在学习时,"忍"当然是一件很辛苦的事,就像一把刀插在心上,应该会很难过。不过,培养到最后,凡事看开了,就不会有障碍,所以"被辱不瞋亦不难"。

《第九难》有势不临

佛说人有二十难,有势不临第九难;

执著权势向高攀,趋炎附势不胜寒;

淡泊名利心最富,不凡人生心自闲;

有时常念无时苦,有势不临就不难。

在无常的人生里,山河大地危脆,器世间不断在破坏中。佛陀要我们时时警惕,照顾好自己的心,不要与身外的名利、地位等纠缠不清,心若有贪念——贪名利、地位、权势等等,这一生不仅不会快乐,还会过得很辛苦。凡夫就是时时在名利的漩涡里打转,才会由不得自己。

人如果有得势的机会,要放弃权势实在很难,所以有句话"执著权势向高攀,趋炎附势不胜寒"。如果我们执著权势,想要不断地向上攀缘,那么"天上有天,人上有人",权势再高也永远不会满足。这些都是心理作祟的形态,人若一味趋炎附势,最后难免落得孤单不胜寒。

其实人生有什么好争的,当初佛陀想要放弃名利地位、荣华富贵而出家,因为在未成佛之前的悉达多太子,他的观念、思想,早已超越常人。他认为人生的苦难,就是因为这些财利、权势,让人无法得到真正的快乐,所以他要追求心灵真正富有,自由自在的生活境界,因此离家修行。

他的父亲净饭王很担忧,虽了解太子出家修行的心意已定,再也不会回来。但是,一个国家不能没有继承人,所以又将全部的希望都寄托在孙子身上,可是佛陀成道后回王宫说法,度了许多王族的人,连皇孙罗睺罗也被释迦牟尼佛度化出家了。

快乐源自能知足

这与我们一般人不同,通常大家都喜欢拥有权势,但是已经觉悟的圣人,却彻彻底底地看淡物质世界的虚幻真相。他们明白,唯有修行以找回自己的本性,才是真正富有的人生,也才能成长慧命。佛陀疼爱他的儿子,所以也度化亲生子出家。

如此一来,王位的继承又该如何是好?最后净饭王好不容易从王族里,找到一位富有才华智识的人才。但是,这位摩诃男继承王位之后,却觉得不快乐。他看到许多王族青年随佛出家,心里就想:名利地位如果真的这么好,为何悉达多太子要出家?后来,他自己也感受到这些荣华富贵都是缠缚人的枷锁,于是也毅然出家了。

出家之后,每天天未亮,他就在精舍前后绕行,并大声喊着:"快乐啊,快乐!"有人听到了,误以为这位舍弃王位出家的修行者,内心可能还在怀念权势的享受,所以才会每天三呼"快乐啊,快乐!"

佛陀知道这件事后,就叫人把摩诃男找来。他来到佛前,佛陀就问:"你对拥有世俗权势、王位的感受,是不是没有完全舍弃?"摩诃男回答:"不!我已经将权势地位舍得一干二净了。""那你为何每天都在喊'快乐!快乐!'?"

这位比丘很欢喜地告诉佛陀:"感恩佛陀开辟这条道路,度我出家修行。出家之后,每天都心无挂碍、轻安自在,我真的很快乐!从前在王宫时,每天都很害怕担心,不知何时会有外来的侵略战争。此外,还要担心刺客潜入王宫,所以需要很多人来守卫;出门也要很多侍卫保护,就好像被禁锢在牢狱里,一点都不自由。现在想一想,真是苦不堪言!如今我能身心解脱、逍遥自在,所以每天高呼快乐!"

这种快乐是因感恩而来。从这段小故事可以体会到:拥有权势,其实是一条大绳索,捆绑着我们的身心,不得自在解脱。如果执著权势,绝对不会满足,这种无止境的追求,实在是一件苦事。所以"趋炎附势不胜寒",当你手握权势时,很多人前呼后拥,充满一片热情;然而一朝曲终人散,仍是剩下寂寞孤单。

不凡人生心自闲

看清权势的虚幻,人生还有什么需要追求?所以说

"淡薄名利心最富,不凡人生心自闲;有时常念无时苦,有势不临就不难",人如果有颗淡泊名利的心,才是真富有。有句话说"人到无求品自高",如果我们觉得没有什么好再向外追求,这表示很富有,没有欠缺,如此内心才能丰富,否则永远都不会满足。

不凡,就是超越凡夫的心。凡夫的心量,每天庸庸碌碌于名利,内心会非常忙乱,若能超越凡夫心,身体虽忙,心境却能清闲自在。我常常听慈济人说:"忙得很幸福、很美满。"他的身体虽忙,心里却很满足,这就是不凡的人生。

当我们"有"的时候,要常念"无"的苦。人时常在"无"时,才会想:如果我有的话,那不是很好吗!如果能得到少许,那不也是很好!等到真正获得时,却还是不满足,这就是"有一缺九"的贪著心态。

凡夫都有不断追求的痛苦,却没有人会记取当初贫困的苦,而珍惜现在的安定。我们应该要学习知足,当一切都有余时,更要常念无常。

我时常提起九二一地震的事件,每思及此,内心就只剩一个念头——人如果平安就好,还想要求什么？我们要了解"无常",因为何时会发生事情都无法预测。我们不需要求很多,只求现在心灵的满足,这就是福。只要我们淡泊名利,超越凡夫的心态,就能时时自我警惕人生的无常,如此,"有势不临"又有何难？其实最主要的难,是在于心,只要愿意打开心结,世间就没有难倒我们的事情。

《第十难》触事无心

> 佛说人有二十难,触事无心第十难;
> 天下原来本无事,心中常因计较烦;
> 前脚落定后脚放,悟得真空始是闲;
> 恒持心净能轻安,触事无心也不难。

学佛调心,这是人人的本分事,心难调,就会随着境界起伏不定。修行就是要在难调的心态下,好好地用心下功夫,好好地调伏。"佛说人有二十难,触事无心第十难;天下原来本无事,心中常因计较烦"。

这段话让我们了解:天下原本就没什么大事,心中如果不分别、不计较,自然可以和外面的境界融会贯通,一点困难的事情也没有。困难的形成,都是由于一分计较,有了计较心,事事就难以过关,所以我们的心要时时调伏好,真正不计较的心,其实是充满无限的自在与快乐。

印尼将军感受多

看看这一次（公元二〇〇〇年）"全球慈济人医会"的成员集合在台湾，几天的时间里，每个人都过得很欢喜，并且有满满的心得与感动。其中，有一位从印尼来的将军，他是印尼空军医院的领导者，曾经统领全国七十多所国家空军医院，在印尼国内，他的地位可说是备受尊崇。

他自己也说，平时进出都有随从陪侍在侧，最起码也有两位秘书或两位以上的随从。之前他也曾经来台，一下飞机就受到相当的礼遇。官方还派遣豪华轿车接送他，并且安排他住在五星级以上的饭店；此外，他开会的位置也安排在贵宾席，十分受到礼遇。

但是，这一次他以志工的身份，随印尼志工一起来台。那一天，在大林慈济医院的晚会活动中，大家都平等地依照先后次序入座。他说他走路要排队，座位则是在最后面，睡的地方是通铺，尤其是要睡在地板上，但是环境虽然截然不同，他却觉得很欢喜，并且切实体会到慈济世界的真平等——大家来自不同的国家，有着不同的生活习惯，但却可以和平地共同生活。人医会里的成员，虽然每个人都是医师，却不分地位高低，让他觉得十分感动。

他并没有分别"我的地位很高，平常受到与众不同的礼遇，进出受到如此的尊重，怎么来到这个团体没有得到特别的对待？"这就是"触事无心"。因为他触事无心，所以心很平静开阔、很欢喜，甚至他还体会到慈济这个团体的平等。

心如果能不计较，天下就没有困难的事。困难的产生就是"心中常因计较烦"，若能不计较，人生不就海阔天空！下一句"前脚落定后脚放，悟得真空始是闲；恒持心净能轻安，触事无心也不难"。我不是常常说，就像我们走路，前脚走、后脚放，这样才能向前进；如果我们前脚走，却不想放后脚，就无法更上层楼。

待人处事其实也是相同的道理,事过境迁就过去了,不要把心缠留在当时的状态。心如果缠绕在人事上,就会很不快乐,我们应该体会到,人生原本就是一场假相,如果知道相是假的,一切相皆是幻化无常,那么人与人之间,哪有永恒不变的形相?

看看大自然的境界,有春夏秋冬。在冬季里,树叶原本都掉落了,草木也枯干了,而春的来临,又让叶落的树枝慢慢地开始长芽。几天前看到的是干枯的树枝,两天后再看,树枝上的树蕊已经开始冒出来;隔天再看,树枝的嫩叶已经伸长了;再经过几天,就变成了整棵绿油油的大树。

看!大自然的景象也是不固定。小树苗的成长很快,过了几天再看,几年后再看,从前的树苗已经变成大树了。所以大自然景象,没有固定的形态,人生的形相也是如此!

人的生、老、病、死,都是不一样的形相,从初生婴儿天真无邪的可爱形态,慢慢随着岁月流逝,我们的身体、躯壳不断地变化。在不经意当中,从幼年变成青年、中年、老年，躯体不停地变化，原本清瘦的人不知何时竟发福了，这就是改变中的形相。

事物的变化就是无常，也就是"空"，因为它有生、住、异、灭。人的身体有生、老、病、死的形态；物质则有成、住、坏、空的现象，世间没有一项可以永远留住的事物，既然留不住，也就是空。了解一切皆空的定律，凡事就不会烦扰我们的心，如此不仅心态能清闲，更能平静。

恒持心净能轻安

心态若要平静，就要好好用心观察身外的境界，并且体会内心的世界。如果我们不用心就容易放纵，心若放纵就会产生计较。能收摄自己的心，冷静地思考，才能真正觉悟，拥有觉悟的心，即能体会真空妙有之法，世间就没有喜怒哀乐不平衡的情况产生，心地一片宁静闲适。所以"悟"字非常重要。

"恒持心净能轻安"，我们要永恒保持通达的心态与观念，不要只是一件事情想通了，下一件事又想不通。世间的事相,离不开我们的生活,如果用心,就可以体会没有什么值得计较!一件事情既然想得通,其他的事情也都同理可证,这么一来,心能不受境界、人我是非所染污,就可以恒持清净,心若能清净就会轻安。

人生难得心轻安,修行最重要的境界,也是在于轻安。所以我们要时时照顾好自己的心,境界本来就不会污染我们的心,心会受污染,都是自己沾染的,就像我们常说"酒不醉人,人自醉;花不迷人,人自迷"。

境界是它原本的境界,和我们有什么关系?只是自己的心被境界迷转,不是境界使我们的心转动。重点在如何解开心中的缠缚?缠于境界的人,心结还是要自己解开,俗话说"解铃还需系铃人"。当我们遇到境界时,心不会烦乱,不会和境界牵缠不清,这样内心就能轻安,若能如此,"触事无心也不难"。

平常对身外、身内要多用点心,才能真正体悟"一切皆空"的道理,进而得到妙有的欢喜。我们要永远恒持心的清净轻安,如此,待人处事就不会受到是非的熏染。

《第十一难》广学博究

佛说人有二十难,广学博究十一难;

专心学习本已难,深入探究难上难;

博究学问如登山,有心还要恒心伴;

慧海无涯学是岸,广学博究亦不难。

时日过得很快,然而每天在相同的生活作息之下,却让我们察觉不出时光于何时悄然流逝。人生时日无法长留,却仍有许多需要了解的事物,所以我们应该要好好地把握时间。

佛陀告诉我们,人要能透彻宇宙万物的真理,真的很难!所以他在二十难中说"广学博究十一难,专心学习本已难,深入探究难上难",我们想要利用短暂的生命岁月,真正深入探究森罗万象的道理,实在是一件很困难的事。

此处所说的"广学博究"与现代人读博士的意思不太

相同。现代人的学习,实在太精细了,但却未能彻底,同时也欠缺恭敬的心念。在古代,只是想要认识字,到私塾请求塾师教导,就要"一日为师,终生为父",抱持着恭敬尊重的心态,如今,这种潜移默化的优美传统却已消失殆尽。

现在从小学开始,孩子就不懂得尊师重道,到了中学、大学,就开始争取人权,稍有一点不满意就向老师反弹。他们不想让人管教,不只要自治,还要有权利去选择校长及老师,这样的学习环境实在太过开放,这样的求学态度,心态完全都松散了。学习如果欠缺尊重的心,所学到的,不过是如何争取功利而已。

同样的,现代有些人上了大学就贡高我慢、不可一世;如果还要再进修硕士、博士,他们就会开始觉得:我是研究生,我已经要深入研究,我很了不起。等拿到博士学位后,别人就一定要称呼他博士,好像这对他而言非常重要,这样的人格实在很狭小。

仁医义诊悟真理

这几天(公元二〇〇〇年九月份)在"全球慈济人医会"的活动中,我们看到来自十一个国家、地区的医师、护理人员,此外也有医师的老师,也就是医学教授,他们全都是博士。大家在国外被慈济这分大爱的精神深深感动,体会到人性最可贵的就是付出,所以纷纷投入慈济这个大团体。

他们参加人医会、国际救灾,也曾到很多落后国家举办义诊,与所有的慈济人都一样,到达之后就开始抬东西、清扫,牵扶走路不方便的人,他们觉得这才是真正的人性,也才是人生真正需要学习的。在他们当中,看不出哪一位是医学博士?哪一位是医师的老师?因为他们缩小自己、放下身段,这是真正令人觉得可爱又可敬之处。

求学问并不困难,尤其是现代人,只要有钱就可以读书,现代不论学什么,所有的用具都很齐全。以前如果要学做木匠,做一张桌子,就要学四个月以上,如果要做得很精致，必定要三年四个月。此外，从前所用的工具都很传统，制作成品也全都依凭真功夫，这才是真正的师傅。

现代人就不同了，只要会拿电锯、打钉枪，拿得稳、拿得正，就可以制作东西了。以前的大匠师傅是靠传统的工具、真实的功夫，还有靠自己的用心。一幢房子不论是几层楼，都不用一支钉子，只是用榫就能让梁柱紧密地结合，将房子组合起来。有的房子几百年后仍然存在，这就是真功夫。

现在则谈不上什么功夫，因为大家的心都很浮动，静不下来，没有耐心深入去研究。学佛也是一样，我们应该要静下心来研究。在无佛出世时，辟支佛（又称独觉）并没有佛在世为他说法，不过他很细心，藉由大自然的境界，春、夏、秋、冬，景色的变迁、气候的轮转，他就观察联想到人生的无常，也能透彻了解生命的奥秘。

虽然佛陀不在人间，他却利用自我推究的方法获得觉悟，这就是取自大自然的教育。每个人都生活在大自然里，我们的智慧应该缘于大自然与人群，缘于内心本具的佛性。

有些人学问很高,但却不知世事。我们是学佛者,应该在人与大自然之间互相投入,探讨人性——如何能在生死中没有障碍,让我们心平意静。

我们要在这种烦扰、红尘万丈的人间学习,实在是不简单。要专心学习已经很困难,若要更深入探究,实在是难上加难。现代人多数充满了好奇心,这一项还没学好,就要学那一项,只为了让人家以为"我什么都知道",却无法彻底学通,所以想要专心学习实在很难。

慧海无涯学是岸

下一句说"博究学问如登山,有心还要恒心伴;慧海无涯学是岸,广学博究亦不难"。学,就是要有心;问,就是不耻下问。我们要不断地去问,不是说大学生或者博士、老师才有学问,所谓的"学问",认清楚这两个字,学无穷尽,就在于我们肯发问。

如果生起卑劣慢——"我问人家不好意思,问人家没有面子",这样永远都不会懂事。因为学问如登山,不单只是大人们才有学问,其实小孩子也有学问,各个阶层、不同年龄都有不同看法,每一种看法都有其道理存在,每一件道理我们都可以去了解。人生有很多种难,我们要放下身段,不断地去学及问,就像在登山,一层越过一层,不要怕累,前面还有山可爬!

"有心还要恒心伴",有心还不够,还要有恒心。一时的发心时间很短暂,因为世间要学要问的事情很多,所以我们必须有恒心。

"慧海无涯学是岸",慧海就在自己的本性里,我们的智慧其实与佛平等,只是佛陀他能启开智慧之门,反观自性,开发自性的智慧,进而发挥良能。慧性之门一打开,天下宇宙万物真理,就能与内心的慧性契合,如此一来,外面的道理自然就与我们会合。

天地万物,无不有它存在的道理。以桌子而言,桌子的学问很大,从一粒种子开始,长成大树到最后砍下来,变成一根根的木材再加以制作完成。同样的木材,也有不同的形态，这当中含有很多道理，如果慧性不曾开启，看到桌子就只是桌子，桌子是木材做的，其他的道理都不懂。若能打开智慧之门，就能契合宇宙万物的真理。

慧海无涯是因为人人本具，只要打开智慧之门，漂泊的心就可以靠岸，也就是心与道会合的时刻。我们若想追求学问，博究一切的真理，就必须启开智慧之门，这也离不开自心。一切真理就在我们心中，若时时用心，与万物契合，那么"广学博究"有何困难呢？

第十一难：广学博究

《第十二难》除灭我慢

> 佛说人有二十难,除灭我慢十二难;
> 浅薄短见自夸张,稻穗低头是饱满;
> 尊人谦己天地宽,去除贡高与骄慢;
> 日常生活持正念,除灭我慢并不难。

我们在天地之间修行,天地多辽阔,人在世间却很渺小。世间是人与人共同生存的地方,大家必须彼此付出,同心协力,能让世间一切物质、生活富有,所以每个人都需要有一番才艺,才能为大众奉献。不过,即使有付出,也没有什么好骄傲、贡高的。

佛陀告诉我们,人在修行的过程中,会有种种的困难。譬如在二十难中,他曾说过"除灭我慢十二难",要除灭我慢也是困难之一。凡夫在生活、功能、职业上,都会起分别,会认为"我的功能很高,我的学识很渊博,我的功夫技术很好，我的研究很深刻，我所有的一切都比别人好"。于是就产生不可一世、贡高我慢的心态，这是十足的凡夫，这种人就是"浅薄短见自夸张"。

浅薄短见的人只看得见眼前，一切自以为是，却不知贡高的态度，其实是最令人瞧不起的。尽管有一番功夫，满腹学问；尽管他的境遇比别人好，但这一切都是环境促成，并不是一生下来就有此本事，而是环境让他有学习的机会，造就了他的优势。

因此，有了很好的学问或功夫，就应该更谦虚，富有感恩心，同时勇于付出。所以我们常常说"稻穗低头是饱满"，稻穗饱满时会愈垂愈低，如果直挺挺的就表示内部是空心、没有用的。学问愈高、知识愈宽，表示功能愈好，才要更谦虚，就如同愈高的竹子也是垂得愈低。

记得夏威夷有一群慈济人医会的医师，他们在当地备受尊重，每天都有很多病患上门求诊。他们在夏威夷的社会地位是属于高阶层的，但是当他们走进慈济之后，知道没有什么好贡高骄傲的,能一一放下身段,因而生活中充满了欢喜、轻安和自在。

在义诊时,他们亲自扶持病人,帮病人擦身体,视病如亲。在当地人文学校,他们穿起慈诚队的制服,在路上指挥交通。此外,也学习当孩子的保姆,带孩子上厕所,这样呵护着孩子们,让他们觉得很欢喜。

仁医抬棺度群伦

有一次,一位社会人士,看到这些医师放下身段做得这么欢喜,感觉很不可思议,想试试看他们的表现到底是真是假。由于他的母亲往生了,于是就对一位医师说:"我看你做慈济做得这么欢喜,这样做到底有什么好处?"我们的医师回答:"人生就像一个道场,这样也是在修行。"这位人士就说:"你如果要修行,就要有办法降低身段。我的母亲往生了,要出殡时,你们如果能来为我的母亲抬棺,我就加入慈济,加入你们的团体。"

这位医师听了，觉得师父说要净化人心，只要能度一个人就是好事，我们就会多一位慈济人，而社会也将多一分祥和。后来真的就有身高相当的八位医师，穿着整齐的服装，为这位人士的母亲抬棺；大家觉得很不可思议，这些医师都是当地的佼佼者，他们为什么做得到？

事后，有人问这些医师的感受如何？他们回答："轻安自在。我们做得很欢喜，就如同对待自己的长辈一样，没有分别。"这不就是竹子愈高大竹尾垂得愈低；稻穗愈见饱满愈低头。同样的，这群医师有这么好的环境，内心那分爱应该更丰富，以谦虚的心付出无所求，并抱着感恩心服务社会。

尊人谦己天地宽

"尊人谦己天地宽，去除贡高与骄慢；日常生活持正念，除灭我慢并不难"。既然我慢是这么讨人厌，我们应该好好地调整，学习时时尊重他人，缩小自己，这样一来，生活的天地就没有障碍，人生道上也会天高地广。

所谓的"天外有天，人上有人"，自己优秀，还有人比我们更优秀，因此不需要自夸；用爱付出待人，绝对会受到人人的尊重与敬爱。如果懂得尊重他人、谦虚自己，自然能除去贡高我慢的坏习惯，在日常生活中，也就能处于八正道的正法之上，心念端正，行为就不会脱离人生轨道。

慈济人曾经关怀一位独居老人，他的家非常肮脏混乱，老人的头发、胡须、指甲，不知多久未曾整理。我们的慈诚、委员不仅帮忙清扫居家环境，并且整理他的仪容，使他全身上下及家庭内外都焕然一新，变成另一番新天地，这就是爱的付出。

这位老人，现在如此落魄孤老无依，然而从前的他，其实是一位威风凛凛、呼风唤雨的人物。曾经有的风光，晚年却如此惨淡，所以人生并没什么值得骄傲的事情。我们得以安然自在地生活，拥有丰富的物质，这是每个人共同付出功能的成果,所以一定要好好地尊重别人。做人要谦虚,观念要正确,不要被名利、学问等等,迷失了应有的礼仪。

在待人接物中照顾好自己的态度。心念持正,"除灭我慢并不难"。日常生活中能转变心念,就是转变一个形态,如此骄慢就能完全灭除。

《第十三难》不轻未学

> 佛说人有二十难,不轻未学十三难;
> 待人谦和如种田,插秧后退是向前;
> 圣人犹能畏后生,丈夫岂可轻少年;
> 三人行里我师焉,不轻未学并不难。

每天早晨,我们静坐的时间实在不长。然而,虽然是短短的几分钟,却能在一念静寂时,听闻大地的声音——几只鸟儿总是轻柔地叫唤,群鸟也温和地回应,这的确是很美的声调。尽管我们无法明了小鸟彼此间对答的内容,却可以感受到,这是一片充满祥和的世界。

大地众生何其多!万物共住是一件多么奥妙的事。"和"就是万物共生的依据,彼此若能相互尊重,才能在和睦的世界里共同生活。

佛陀时时警惕我们,人生有很多的困难,最难的就是度过心灵难关。在重重关卡中无法超越，只要心念一转，就可以看破人我是非，透彻人生的道理。所以说"一理通，万理彻"，如果破除了困难，我们的心就会很平和。

佛陀说修行人的心态有二十种困难，接下来是第十三难。

丈夫岂可轻少年

"佛说人有二十难，不轻未学十三难；待人谦和如种田，插秧后退是向前；圣人犹能畏后生，丈夫岂可轻少年；三人行里我师焉，不轻未学并不难"。人人都有我见，这种自我的心态与见解，就是造成"心"的困难之因。一个人太自大了，就容易轻视他人，凡事觉得自己经验很丰富，自然就看不起刚开始学习的人。

我们要知道教学，不一定在学校里，其实在日常生活中，大家都可以彼此教导与学习，互为师也互为徒。当老师的人，可以从学生身上得到很多东西；而老师为了教人，也必须精进探讨，所以一边教一边也在学。每个人站在不同的角度,看到不同的境界,即使是相同的事物,也会有不同的感受,这些都值得彼此分享。

有时候我们常常会在原地踏步,等到必须教人时,自己才会提起精进心,无形中就能学到更多,来求教的人,他们以不同的心境看相同的事物,也可能发现更好的方法。因此很多时候,在教的同时也就是在学。

有一位刚上中学的孩子,接受大爱电视台采访。他的智识见解都十分成熟,此外,动作也非常俐落。我们大人已走过几十年的人生岁月,然而要学习一样新事物,也不一定能像他如此熟练。那一天,看他在工地里推着工人载重物的独轮车,很轻松地将粗重的东西运送到目的地,甚至还用跑的。其实,最主要的原因是他懂得运用自己的智识,分辨眼前的工作应该用什么方法完成,应该如何使力才能操作自如。

很多时候,人可以运用自己的本能(本具的智慧)来发挥良能,所以我们应该以谦虚、尊重的心,来看待四周围的一切人事物。谦虚,才能拥有更宽阔的空间,如果太自大了,周围的空间就会被自我填满。

下一句是"待人谦和如种田,插秧后退是向前"。曾经种过田的人就知道,必须弯下身体才能插秧。我们待人要谦和,时时懂得礼貌和尊重,就像在种田一样——插秧一定要往后退,每后退一步,就插好一列秧苗,人虽是向后退一步,工作则是往前增加了。

因此,待人处事如果能够退让一步,就会海阔天空,不需要与人争论是非得失。学佛就是要做到"与人无争则人安,与事无争则事安,与世无争则世安",如果时时谦虚、退让,自然就能缩小自己,周围的境界也就会更开阔。

接着是"圣人犹能畏后生,丈夫岂可轻少年"。从前的圣人都十分谦虚,并且缩小自己。真正的圣人,必须超越种种人我是非的考验,同时尊重大地众生。佛陀说,一切众生的智慧与佛平等,因此圣人敬畏后生。

老和尚与小沙弥

有句话说"后生可畏",意思就是不是只有我行,后来的人比我还行。在禅宗公案里,有这么一段小故事——老和尚带着小徒弟出门行脚,在山路上,小徒弟看老和尚轻松地走在前面,自己却背着包袱跟在后面,心里就想:"因为老和尚是有修行的人,才能如此轻松自在,所以我也要立志修行菩萨道,将来也要教化众生。"

他立下了宏大的誓愿。这一动念,前面的老和尚马上转头说:"来!包袱让我背,请你走前面。"小徒弟感到莫名其妙,师父怎么突然对我这么尊重,待我这么好?老和尚轻声细语,恭敬地说:"因为你发大心要行菩萨道,拯救天下众生,所以我应该尊重你,让你走前面,东西我来背。"

小徒弟恭敬不如从命。走着,走着,心里又开始想:"这样多得意,多自在!自己只是发一念心,师父就这么恭敬我,将来我如果再进步,就可以当大和尚,受到更多人的尊重。"当他生起不可一世的自大心态时,老和尚又出声叫他停下来,态度很不好地对他说:"把包袱背好,跟在后面走。"

小徒弟觉得师父真奇怪,刚才是那样,现在又变成这样。老和尚似乎猜透他的心思,就说:"刚才你很谦卑又发大心,愿意精进认真以拯救众生,这个志愿很高贵,所以我尊重你。但是,现在你还没成就,就想要博取别人的恭敬,实在太自大了,这是错误的观念。"从这个小故事里,我们就知道,谦虚自己恭敬他人,是一件多么重要的事。

对人谦虚,还要立大志愿,这是修行人不可或缺的态度。学佛必定要具足谦和,才懂得尊重年轻、未学的人。所以"丈夫岂可轻少年",大人物也是从无名小卒一路走过来的,因此不应该轻视年轻或资浅的人。

"三人行里我师焉,不轻未学并不难",三人同行,另外两人都是我们的老师。"择其善者而从之,其不善者而改之",行为善良正当的当然是我们的老师,我们要感恩及学习;然而,示现不良形态的人,也是我们的老师,因为他能让我们提高警觉,反观自我,所以也要尊重、感恩他。

日常生活里,我们要彼此相教、相学,互为师徒,这就叫做"教学相长"。我们能够当老师,就是因为有人愿意接受教导,自己才能更精进去探究。总之,我们在世间要能够心和、谦虚,才能过着真正美满的生活,学佛的心态不要有"缺角",应该要学得圆满,这才是真学佛者。

第十三难：不轻未学

《第十四难》心行平等

佛说人有二十难，心行平等十四难；

天生我才必有用，自古行行出状元；

生命原来本同源，何必区分贵与贱；

怨亲一如无分别，心行平等亦不难。

四季的转换，不同的气候，分别有不同的景象，人当然也有不同的分别心。

佛陀要我们将自己的心调适平等，不要有分别心。尤其在人与人之间，关于各人的地位、名誉等，不要有贵贱的分别。但是谈何容易！所以佛说人有二十难中，"心行平等十四难；天生我才必有用，自古行行出状元；生命原来本同源，何必区分贵与贱，怨亲一如无分别，心行平等亦不难"。要心行平等的确比较困难，因为心的运作易向外区分。

慈慧平行心平等

在大林慈济医院刚开幕时,本会宗教处有一位基层同仁,一个多月的时间都在大林帮忙,每天记录全院上下的工作日志传回花莲,让我可以了解那边的最新消息。

当他要离开时,院长离情依依送他到门口,忽然间对这位年轻人说,告诉你一个故事——在夏威夷海边,有位白发苍苍的老人,每当气候有所变化,就有人来请教他天气动向。他也会很准确地向大家报告:何时会下雨!何时有台风!台风距离夏威夷还有多远等等的消息,所以大家都很敬重这位老人。

有一天,老人同样走在海边,又有人来问他,今天的气候如何?老人回答:"今天收音机失灵,我的消息都是来自广播。"大家原以为他料事如神,至此才恍然大悟。院长将故事说到此处,接着就告诉他:"你在这里一个多月的时间,每天都将院内所发生的状况写出来,让师父了解,如今你要回去了,这个工作要教谁替代呢?"

这段故事真的让我很感动。院长虽然是医院的大家长,但是他与同仁之间的关系,就如同父子般的情感。此外,他也能够做到尊重年轻人,这就是前面所说的"不轻未学"。

接着谈到"心行平等",院长与基层员工打成一片,将他们视为自己的孩子,这就是平等心。如果每个人都能用这种亲爱、平等的心念待人,我们的社会将会充满温情。

"天生我才必有用,自古行行出状元",每个人都有他本能的才干,不一定人人都是万能,但是都有各自的优点与专长。只要我们有兴趣,愿意用心学习,自然会懂得更多,做出来的事也将更成熟。

反之,没有培养出兴趣,就无法专心学习,每样都想学,却都学得不彻底,这样就没办法学到真功夫。要知道,每个人都有各自的功能——例如媒体曾经报导,一位医学系毕业生,毕业后重新报考餐饮科,将来想当厨师,这就是他的兴趣。

这位年轻人,他如果对当医师有兴趣,就会成为看病的医师。但是,他真正的兴趣却是烹饪、下厨房,所以他去学餐饮,将来融入医学观念做好营养调理,让每位客人都有均衡的营养,其实这样也很好。因为行行都能出状元,若能用心为社会人群付出,就是最有价值的生命。

追溯生命本同源

所以说"生命原来本同源,何必区分贵与贱",生命原本就有相同的起源。佛陀说六道轮回,大地有无量无数的众生,所谓众生,就是指不同形态的生命——猫不是狗,狗不是猪,猪也不是牛,它们的形态各不相同。

因此,狗不会生猪,鸭不会生鸡,它们的生命都有各自不同的基因,所以就会有不同的形态。然而同是人类,先天的构造就都一样,大家都有一个头、两只手、两条腿,在六道轮回中,人的形态是相同的依报,大家都是人,依报在地球上。

但是各人却有不同的正报——你是你、我是我;我吃我饱、你吃你饱;你修你得,我修我得。同样的境界,说不定你们看了很烦恼,而我看了很感恩;感受不同,结果就不同。所以,我们在人生道上,有一个共同的依报,同样生在"人"的境界里,却有各自不同的际遇。

正报来自于人的心态,各人的心态绝不相同,所以佛陀教导我们,必须调整好自己的心。其实人与人之间,不需要分高低,也不需要分贵贱,因为再高的位置,即使名气很大,所有的一切都很优越,然而也都是"一日之所需,百工斯为备",食衣住行所需各项,都不是自己能独力创造的,需要很多人同心合力地付出。

所以,每个人都要依靠别人而生活,同时也为别人提供生活所需,因此,还有什么贵贱之分!

怨亲一如无分别

心境若能突破,就会"怨亲一如无分别",没有我们所怨恨的人,也没有我们特别亲爱的人,扩大小爱,就能转化成大爱,有了大爱,就会怨亲平等,绝对没有分别。如此一来,心行平等就不困难。

学佛就是要学一念心,如何调整好这念心,在心与境界交会时,常常保持平衡,没有起心动念,也不会在境界中起烦恼。现代人的生活比较富有,所以总是不敢承担责任,也不想去做比较辛苦的工作,动不动就会说:"我太辛苦了,压力太大了,责任太重了!做超过时间了!"

这都是由于现代人把心放松了,懈怠心一起,自然就会起分别——分别辛苦与享受。有了贪享受的心,就会怕辛苦;心起了分别,行为的懈怠就接踵而至。

学佛应该要超越心灵境界,选择了志愿的道路就一心向前,这就是精进。在人与人之间,人与事之间,要时时问自己:今天我依报于此,抱持着怎样的心情来融入这个境界,是否能共同承担师父这分心愿志向?

有句话说"发心如初,成佛有余",修行如果能将初发心好好把握恒持,内心就会轻安自在,无论怎么辛苦也会甘之如饴,因为这毕竟是自己的志愿。我们发心立愿,"只愿众生得离苦,不为自己求安乐",若能将心行调好,就会很平等,不会有分别、计较,所以要多用心!

《第十五难》不说是非

> 佛说人有二十难,不说是非十五难;
> 绮语两舌皆祸患,祥和人间畏言谗;
> 修行举止言谈间,莫随好恶论长短;
> 扬善隐恶弃偏见,不说是非并不难。

修行,就是期待达到平静无染的心境。但是谈何容易!佛陀说人生之恶,莫过于"十恶",这都是出自于一个人的身、口、意。身有三恶——杀、盗、淫,心也有三恶——贪、瞋、痴,而口却有四恶,那就是恶口、妄言、绮语、两舌。

只不过是开口动舌,就占了十恶之中的四恶,可见口舌的造恶是多么大。所以,修行除了修身业及意业以外,更要注意口业。"佛说人有二十难,不说是非十五难;绮语两舌皆祸患,祥和人间畏言谗;修行举止言谈间,莫随好恶论长短；扬善隐恶弃偏见，不说是非并不难"。难与不难只在一念间，若不用心，开口动舌无不是业、无不是罪、无不是恶。但是，如果能将心意照顾好，自然一般人容易犯的，我们就不会犯，这也就是修行。

人生，不说是非实在很困难。在生活中总有这样的情况发生——与己有缘的人，所说所做我们都认为是对的；无缘的人，所说所做的就都不合己意。

对与不对，若只凭自己的立场去做判断，彼此之间往往就会起冲突，甚至有了不好的传言，演变成搬弄是非，而恶口、妄言、绮语、两舌四者都是起于是非之间。学佛必定要学得真，对于人和事，我们要用心分析清楚，自然就不会是非不分，而造成口头上的四大恶业。

有人会觉得"那我就不要恶口，凡事都说好听一点。"这也不对！不想给对方谏言，"不对是你的事，我做好人，我说好话"，这也缺乏道德勇气，容易使人一错再错，而且变成他造恶，好像也有人支持他。

"绮语两舌皆祸患"，大家都知道恶口、妄言是不对的,传话、说坏话也都不对,这些大家都会比较警惕,但是绮语、两舌就容易疏忽了。绮语,就是装饰过的好话。孔子说:"巧言令色,鲜矣仁。"只是一味地说好听的话,事事奉承应酬,没有一句是真实话,没有一句是好坏分明的话,这种人的内心肯定缺乏仁德。

两舌也不对。人的感情大多是靠语言沟通,有时这个人对那个人不满,难免会表达在口头上,对方没听到,不知道事情原委也就罢了。然而处于中间的人,却将这些埋怨的语言,再加油添醋说给对方听,对方听了也很不平衡,满腹的委屈,又会再吐露不满意另一方的言词,中间的人又再将这些话传回去。

就这样"两个舌头",一个在东,一个在西,东西互相挑拨离间,让双方感情冲突,这就是造口业。这些口业都会造成祸端,所以真伪善恶要分明,开口动舌更要用心谨慎,不要弄假成真,轻轻一动舌,很容易就造成彼此的摧毁、伤害,所以我们要很注意。

"祥和人间畏言谗",祥和的人间最怕是说些没有用的话，搬弄一些是是非非，或者暗箭伤人，这种口头中伤很难疗治，所以我们不要去伤害别人，当然也不要轻易接受别人的伤害。

下面是"修行举止言谈间，莫随好恶论长短"，修行同样也是在人群中，既然与人相处，就必定会和人谈话，或者是彼此之间传递法语，但是差毫厘而失千里，有时就算传好话也会传错，所以我们时时都要很用心。

不要随着自己的好恶去论长说短，我们认为是好的，不一定真的很好，因为我们还是凡夫，站在不同的立场，接触到不同的因缘，所以有时候认为好的，不一定是真好。

说不定与我们的缘比较不好的人，明明他说的是好事，我们却将它当成坏事，这也不对。应该要生起平常心，学佛要尽量结好缘，去除好恶的分别，所以，不要随着自己的心意去论断别人，应该要时时自我警惕。

"扬善隐恶弃偏见"，我们要扬善、隐恶，这就是在培养对方的善根，成就菩提种子的因缘。所以在佛经中常常提到不断人善根,善根需要多培养。

行善的人,需要有人给予信心,若有人告诉他:"你这样做是对的,这样做会帮助很多人,十分难得。"他做了之后,就会很有信心,并且会继续再发心;假如泼他冷水,这颗种子就容易流失。佛陀曾说见人善而随喜,也是一番功德。

别人在做善事,我们随喜成就他的善根,这也是一番功德,何乐而不为!适度地赞叹别人,其实就是美化自己,所以要多用心。佛陀曾打了个譬喻,如暗室中点燃一支蜡烛,再以此烛之火点燃另一支蜡烛,如此灯灯相传,不只不会减少原来那盏烛灯的光明,更能增加光亮的范围。我们绝对不会因赞叹一个好人,自己的光彩就失去了,赞叹愈多,彼此的光彩就能相互辉映。

但是,当我们看到恶的就要赶快提出劝导,劝不动时就保持默然,不要因为对方依旧我行我素,就四处向人宣说,这样是不对的。我们尽心劝导,他能改善当然最好,若不能改善,我们只好默然隐恶,不要一直传下去。因为我们是凡夫,凡夫难免有自己的立场及偏见,所以要时时自我警惕,如果能这样,"不说是非并不难"。

想一想,万恶莫不由十恶开始,十恶之中,身、意才各占三分,而"口业"就占了四分,怎能不时时提高警觉。不说是非,包含戒除口的四恶业,也就是恶口、妄言、绮语、两舌。总之,我们要时时警惕自己啊!

《第十六难》会善知识

> 佛说人有二十难,会善知识十六难;
> 良师益友善知识,普遍天地众生间;
> 开阔胸襟敞心田,世间声音皆良言;
> 缩小自己弃成见,会善知识有何难。

走在修行这条道路上,向前遥望,似乎是很长远的路,佛道遥远,想要追求真理,必定要很精进,就像走路一样,一点都不能停滞。

世间的路是用两只脚去走,菩萨道则是要用心去行。我们要观照自己的心,每天是否都能与道契合?我们的心念往往会脱经离道,向偏差的凡夫心追逐,等到想再回头时,内心却已沾染许多烦恼。要去除烦恼心,实在是不容易。

学佛必定要懂得把握环境,常听人说"千里求师,万里求艺",这是指古人要学一项功夫,往往要到很远的地方,才能见到愿意传授功夫的师傅。因为得来不易,所以他会很珍惜,因此他会很认真地把握时间,用心学习。

但是现在的人,很多东西都太容易得到,就不觉得有什么好珍惜。因此"道"在身边,道场就在我们周围,自己却轻易放弃了,这实在是很可惜的事。佛陀说"我们的心念,念念都是难关",而学佛修行就是要时时过关,不能有所偏差,一念偏差,这个难关就过不了。

"佛说人有二十难,会善知识十六难;良师益友善知识,普遍天地众生间;开阔胸襟敞心田,世间声音皆良言;缩小自己弃成见,会善知识有何难"。说起来很简单,生活的周围无不存在善知识,佛陀却说"会善知识"是第十六难。

老子与士成绮

其实,良师是我们的善知识,益友也是我们的善知识,他们普遍存于天地众生间,而我们竟浑然不知。不只现在如此,过去在春秋时代也一样,当时的老子是一位道德很高的人,他的心胸宽大,思想非常超然,是一位了不起的道德家、哲学家,因此他的名声传遍天下。

有一天,有位名叫士成绮的学者去拜访老子,他常常听到有人称赞老子,觉得很好奇,难道老子的道德和学识果真如此超然?于是千里迢迢地找到老子的家。老子的居家环境很简陋,房子很破烂,看起来也很脏乱。

这位士成绮一看,心里就很不欢喜,开口就对老子说:"我听说你学识高又有智慧,是一位道德家,所以慕名千里而来,但是来到这里却很失望,你家简直是个老鼠洞,和牛、马、猪舍也差不多。我不知道这样还有什么值得让我请教的?真是失望!"

说完看看老子似乎浑然不觉,这位士成绮也就转头走了。回程途中,他的心却静不下来,一直想:"心里好像怪怪的,照理来说,老子的名望如此超然,我到他面前,为何觉得没什么特别的地方,而我用这么直接的话讽刺他,看他也没什么反应。如果说是我赢了,我应该很高兴,为什么反而觉得很空虚,这是什么道理?"

他再三思考。隔天忍不住又回去见老子："奇怪，昨天我来请教你，对你这么不客气，说了一些话辱骂你，为什么你都没有反应，也不生气？"

老子很自在地回答："什么是圣人不圣人？我早就将它当成一只破鞋，扔得远远的了。名分与我毫不相干，如果我是一个真正有道的人，不论你叫我牛、马或是老鼠，与我有何关系？这都是无关紧要的事。"

当时士成绮听了内心很震撼，本来是坐在老子对面，赶快起来站到侧边，再也不敢正视老子。他低下头来对老子说："我错了，我想要求道，竟然还在名相上打转。请你指教，到底要如何才能调伏这种虚浮的心念？"

老子就回答他："你昨天来的时候，那种态度和眼神好像要找人打架似的，非常骄傲，就好比一匹在边地乱闯的野马，忽然间踩到陷阱，在慌乱中完全失去本性。其实，清净的本性就存在大自然间，如果你要学道，就要赶快回归自然的本性，这就是道。"

这段短短的故事，我们可以看到一位得道的贤人，他的心境如此超越。而一个自以为是的学者,就很容易瞧不起人;这与受困的野马失去本性,又有何不同之处?

缩小自己弃成见

我们应该将放纵的心收回来,回复清净的自然本性,才能见道。如此说来,只要我们多用一点心,就能体会良师益友、善知识,无不普遍存在天地众生间,切勿以外在的形象来判断一个人,要用清净自然的本性来面对普天下的事物。

下面是"开阔胸襟敞心田,世间声音皆良言",生活中,要时时放开心胸,依照不同的境遇好好耕耘心田。就像农夫要随顺季节,加以播种、插秧,修行更要时时照顾好这片心田,这才是一个"心田农夫"真正的本分。听听大地众生声,声声句句皆良言,心若清净,就能明白世间任何声音的涵意,无一不在对我们说法。

早上听到远处的鸡啼声,就知道昨日一天的时间又消逝了,今天又是另一个开始,我们的心该如何体念无常,如何精进不懈！所以,世间万物无不都在警醒我们。

心静下来,就能体会"三人行必有我师",人人都是我们的老师。只要时时缩小自己,就能海阔天空,所以"缩小自己弃成见",不要被自大的心理蒙蔽而对人产生成见,这样生活就会海阔天空。所以佛陀教育我们,要时时调好自心,人与人之间应时时以礼相待,不可怠慢。

《第十七难》见性学道

> 佛说人有二十难,见性学道十七难;
>
> 邯郸学步迷本性,薰习懈怠失道心;
>
> 人人本皆具佛性,恒持清净一念心;
>
> 把握当下勤精进,见性学道并不难。

静,静的环境真的很美。每日晨课间几分钟的静坐,让我们可以有短暂的时间自我调息,这样的境界的确很美。我们要向内找出本性、自然之美,这样的宁静之心才是真正的永恒。其实,若心头烦躁,尽管外面的境界很美很静,我们同样无法察觉,这些都要靠自己向内心探求。

佛陀说人有二十难,"见性学道十七难;邯郸学步迷本性,薰习懈怠失道心;人人本皆具佛性,恒持清净一念心;把握当下勤精进,见性学道并不难"。

学道，最重要的是追求"明心见性"，然而明心见性，是学道中最难达到的心境之一。因此在二十难中，"见性学道"是第十七难。我们要知道人人与生俱来的本性，就是明亮、清净的佛性；只不过我们长期在六道中轮回，受到不同环境的薰习，本性虽存在，却早已受到污染。

财富与名利的贪染，使得失心变成一般凡夫的习惯，遮蔽了清净的本性，污染了光明的内心，最后就演变成学道的障碍。在贫富贵贱相对的观念中，人就会各有所偏，权位高、财富多，是人人所要争取的。人人都误以为有权有位就叫做尊贵，没有人希望自己是个平凡或是低贱的人，大家都想显耀自己的尊贵。

其实贵贱也只是相对的观念，但是人们常因此患得患失——想要得，就要争取；如果失去，就非常恐惧。有些人觉得生活孤单，于是就期待成家立业，有家属围绕身旁，认为这样叫做福，这其实也是一种相对的观念。若依循真理，就没什么好争取的；都是因为执迷于相对的认知，才会造成彼此的争夺。

如果可以了解这个道理——在相对的世间中有得必有失。那么人与人之间,何必争论"你对,我不对;我对,你不对",退一步海阔天空,如此就能在人群中,慢慢培养出那分无争无求的心念。

其实,有钱不一定就有贵,也不一定有福,只是有钱而已。钱赚得很多的人,还会觉得不够,因为他还要求"贵",才叫做权贵。所以很多有钱人,还会不断地争夺。他们会觉得:钱我已经有了,现在只想要个成就,因此,人心永远都不会满足。

选贤与能凭实证

在百丈禅师时代,当时大家都欣羡禅师座下的弟子们能严守戒律,并且充满清高的意志。有一次,有个道场的方丈希望找一位承接衣钵的人,他想到禅师的弟子应该是最理想的人才,因此就请禅师在弟子中选派一位来传接他的衣钵。

百丈禅师于是召集所有弟子,在大家面前放了一个净瓶,问道:"谁可以回答我的问题?不称这个东西为净瓶,另外找一个名称代替。"此时,弟子华林就起身回答:"它不叫净瓶,也不叫木桶吧!"

百丈禅师静静地看看周围,其他人并没有什么特别的反应,他就指名:"沩山,你的见解呢?这个东西还能叫做什么?"沩山站起来,走至净瓶前,一脚踢翻了它,然后走了出去。看到这个动作,百丈禅师微笑,回头就说:"华林,你输给了沩山。"

这个意思就是告诉我们:心中没有执著,就不会受外在的形相所困。沩山他不把名利当名利,不对接衣钵、得到一个道场而在意,他将那座道场视为瓶子一般,即使踢掉了也没什么!本性清净无一物,丝毫没有名利的负担,见性之后,也就无挂碍、无负担。所以我们不要让名利污染了自心。

"邯郸学步迷本性,薰习懈怠失道心"。邯郸学步的故事是——有一个人他觉得赵国都城邯郸的文化很昌盛,当地人的仪表很好,他想去那里学习他们走路的步伐。结果他太在意别人的走路方式,过了几年之后,别人的步伐没学成,竟也忘了自己原先走路的方式,最后只好用爬的回去……这个故事同样是比喻迷于外相的荒谬。

恒持清净一念心

我们现在的人,大多是太过安逸了、太好命了,所以就厌恶劳作,想追求清闲,什么职务都嫌辛苦,甚至不想承担职务,这种人修行会很痛苦。因为他们背离了修行的方向,这就是"薰习懈怠"。虽放弃在家的生活,然而出了家若不肯与人合群,无法承担常住职务,这种人绝对会失去道心。

"人人本皆具佛性,恒持清净一念心",其实人人都具有佛性,只是无法恒持这念善心。因此我常常说"发心如初,成佛有余"。真正想为人群付出,就愿意放弃一切个人的享受,不怕辛苦,这念心如果能永远保持,就叫做菩萨心、清净心。

此外,我们也要"把握当下勤精进",把握当初的发心,如此见性学道就不难。与佛同等的本性人人本具,还要去哪里求？只要我们了解这个道理,就会明白要往内自我探求。

假如我们背离本性,想要修行就难了,如同邯郸学步般迷失,或薰习了懈怠,就容易退失道心。这些想法都只在一念间,请大家要把握当下,恒持初发那念心,那么见性学道就不困难。学佛只有一句话——多用心！

《第十八难》随化度人

佛说人有二十难,随化度人十八难;

众生刚强难调教,规过劝善万般难;

众生度尽证菩提,菩萨欢喜化人间;

精诚所至金石开,随化度人有何难。

时日不断地消逝,发心立愿学佛的意志,是不是仍如当初的一念心?时间有如缸中之水,缸里的水一天天干枯,缸中鱼的生命也一天天受到威胁。人同样也是如此,学佛需要时间来降伏习气,但是人生苦短,不好好把握,一沉沦就是万劫难复。

人常常不会爱惜时间,都会想着:今天没有调伏好自己没关系,还有明天。大家因为"反正有明天",所以才无法度化自己,又怎么能度化他人?刚开始修行时,每个人都有宏大的誓愿,要了脱生死、度化众生,这是所有修行者共同的心愿。

但是,想要了脱生死谈何容易?真正的了脱生死,并不是在生命结束的一天,而是在当下。在我们每一时刻的生活中,自己的心念有没有跟着境界起伏?看到不顺眼的事,心中是否生起烦恼?如果随着境界转化起烦恼,就是处在六道轮回中,而且是饿鬼、地狱、畜生的心境。

当我们满心欢喜时,则是轮回到天堂。六道其实都在日常生活中,如何才不至于让自己整天在三途恶道中轮转?这就要看我们是否能"及时了脱"。

不论遇到任何事,我们都可以马上化解,这就是"了脱";如果境界现前时,一直无法看开,那就是在轮回中。我们要度自己都不容易了,不知能否度化他人?所以佛陀说二十难中,"随化度人十八难;众生刚强难调教,规过劝善万般难;众生度尽证菩提,菩萨欢喜化人间;精诚所至金石开,随化度人有何难"。

"众生刚强难调教",刚强的众生,不一定是别人,很可能就是自己,因为自己也是众生之一,要调伏自己也没那么容易。我们将心比心,明了自己都如此刚强难调教了,若只一味地想要别人听话,听了又能改过,这实在非常困难。

调伏习气度自他

所以佛陀希望我们好好"自度",但是,很多人将这句话断章取义。有时我们认为一段文字很好,就用它来代表,但是听的人只听到这一段,因此就时常断章取义。其实自度的意思,就是将自己调教好,不是要你独善其身或是远离群众。假若远离群众,就如一块粗石没有其他东西来磨磋,这样永远都显不出真正温润美好的本质。

我们要在群众中用心转境,境界现前时,境转心不转,境不转心转,要训练到运用自如,这就是学佛学到心境宁静的境界。但是我们处在浊恶世间,内心如何宁静?就是因为很难,才叫做修行。要能在愦闹的地方调伏自心,进而才能调教别人,否则,一颗心动不动就被众生所转,哪还能转度众生!

"规过劝善万般难",自己尚未调伏,要如何调伏他人呢?内在的众生才一个,而身外的众生确实很多,度众生要用尽许多心血与方法,所以说"规过劝善"实在很难。

不过,只要用心,不好的习气还是能在良善的环境下改正过来,例如慈济中、小学(公元二〇〇〇年开办)的学生,在老师们爱心的指导下,才开学一个多月,学生们的生活常规就能有所改变。孩子回家后,开始懂得帮父母做家事洗碗筷。看!孩子在学校受了大环境教育的影响,过去的习气就能逐渐改善。懂得生活的人,能够处处体贴别人,为辛苦的人分劳分忧,我们希望能教导孩子们成为勤快、懂得生活的人。

有一位小学一年级的小朋友,他在学校里学到吃饭前要先唱感恩歌,并且懂得龙口含珠、凤头饮水。回家之后,他还是行礼如仪,教弟弟、妹妹如何拿碗——"你要这样拿碗,要龙口含珠;你要这样拿筷子,凤头饮水。"要开动了,又对爸爸妈妈、弟弟妹妹说:"慢点!我们要先合掌,唱感恩歌。"

经过老师用心的调教,孩子们已经可以将好的教育带回家,这就是调教众生。当然想要调教众生是一件辛苦的工作,其实修行也是很辛苦,因为要调教"内在的众生",所以辛苦一点,把自己这个众生调教好,才有办法调教外在的众生。

精诚所至金石开

虽然付出的当中可能遭遇很多困难,但是既然发心立愿,就要义无反顾去实行。"众生度尽证菩提,菩萨欢喜化人间",众生要度尽,而内外的众生都要度,内外皆度尽方能证菩提,也才能真正到达觉悟的境地。真正当菩萨要欢喜化人间,因为菩萨的愿本来就是"甘愿做,欢喜受",尽管世间险恶,众生难度,然而这却是立大愿发大心的道路。

再说"精诚所至金石开,随化度人有何难",我们要度化人间,不能缺少精诚,精就是精进不懈怠。出家人发心修行的那一念,的确非常精进虔诚,所以才能辞亲弃爱离俗出家。

其实在家菩萨也是一样,既然同为佛弟子,这念精诚之心就要永远坚持,而且要精进不息。从内至外,内心的精进虔诚,表达至外在的举手投足、开口动舌,无不能感动人、度化人。所以说"精诚所至,金石能开",只要内心精诚,就算石头也会点头,就像金属那么刚硬也会熔化。

所以,精诚是自度度人最重要的法门。若能如此,我们要随化度人有什么困难?随时随地都能度化他人。

学佛,最重要的就是要向内自度,如此要调教他人,自然有其方法。大家要好好地自省,不要懈怠荒废时光——"是日已过,命亦随减,如少水鱼,斯有何乐",大家要殷勤精进,慎勿放逸!

《第十九难》睹境不动

> 佛说人有二十难,睹境不动十九难;
> 道心不坚随境转,千经万论也枉然;
> 志玄虚漠心清澄,守之不动贤圣道;
> 节制贪欲正心念,睹境不动并不难。

"佛说人有二十难,睹境不动十九难;道心不坚随境转,千经万论也枉然"。我们要如何才能修好自己的心,不受外境影响?要真正守住一心不动的确很难!因为外面有很多境界,不论大自然或是人事的境界,常常会动摇人心。

大自然的境界有寒热湿干不同的变化,这些都与我们的生活直接接触。冷的时候,要我们不去想冷,那是不可能的;天气冷了,必定要添加衣服,关紧窗户,环境比较好的人就装设暖气。反之,夏天时,要我们不去想热,心静自然凉,却仍会汗如雨下,所以要打开窗户让它通风,环境更好的人就装设冷气。

在大自然的境界里,如果长期下雨,就会觉得出入十分不便;反之,若没有雨水,地上的花草、田间的稻子、青菜等等就会干枯,土地干裂同样使人担忧。因此四周的环境,无不让我们动心。

譬如每天早晨静坐时也会感受到外面的境界,心也会跟着浮动,因为它很静谧。天将亮而未亮,大自然的生物充满着活跃的生命力,当我们接触到了,同样也会觉得很欢喜、很有朝气,这就是心也跟着在动。

"道心不坚随境转,千经万论也枉然"。刚才所说的是大自然界,如果说完全没有感受,这是不可能的,但是我们修学,是从突破人事的境界开始,这实在很复杂!人事的境界,虽不似大自然的轮转,但是我们的心会去分别人的好与坏,有缘或无缘,对人起分别,对事也不断分别。

喜欢的人离开了,就会很不舍,朝思暮想,希望能赶快再见面;不喜欢的人,则会恨不得他早日离开。

家庭中也有这样的情况——过去媒妁之言的时代，娶来的媳妇若是有缘，就会很欢喜；若是无缘，也会很怨恨。新娘嫁到婆家，有时与小姑、妯娌之间也有"有缘、无缘"的情况；夫妻也一样，还没结婚时，彼此都很欢喜；结婚之后也不一定能相处融洽，这些都是心的分别所造成。

修行也一样，既然舍去俗家，投入如来家，所选择的道场，就是我们终生依止的地方。进入如来家，内心必定要自我坚定，道心不坚就容易随境流转，原本抱着满满的希望而来，却因境界里的人事不合自己的心意，于是一颗心就在人事之间团团转。

这样就算在道场里读很多经，听很多法，做很多研究，也都是枉然。这些都只不过是文字相而已，内心不坚定，只是文字懂得多，实在对修行没有一点帮助。

"志玄虚漠心清澄，守之不动贤圣道；节制贪欲正心念，睹境不动并不难"，愿大心坚，这就是志玄虚漠。不只是"我看到世间苦，六道轮回苦，要修行独善其身，超脱六道轮回"，没有那么简单。真正的修行，要超脱六道轮回不是这一生结束以后的事，而是在每天的生活中。假若不断起心动念，心的生住异灭，这也是四相生死，一下执著现在，一会儿又变化了，这种心态的转变，其实也是在生死轮回中。

随着生住异灭的境界，有时会生起欢喜心，那就如处天堂；有时生起怜悯心，那就是在人间；有时发瞋发怒，那就在阿修罗道。我们的心如果痛苦烦恼、忧愁担心，就好像处在地狱当中；时间到了，没饭吃肚子饿，或是身体不好想吃却吃不下，就如在饿鬼道中。人与人之间，在修行道场中有句话"敬师兄，爱师弟"，但是，我们时常会忘记这种做人的礼仪，这样就不是"人"，而是动物，这不就是在六道中轮回吗？

有一天，我到慈济小学时，洪老师告诉我——小学的孩子们好可爱，他们很天真，有话也都直说。有一群孩子在玩，一位三年级的孩子看到一年级的孩子玩得翻天覆地，就喊他们："你们怎么这么吵！"那些孩子还是照常玩，这位三年级的孩子就说："还吵！还吵！你们几年级呀？"

一个孩子站起来说："我是一年级。"三年级的就说："我是三年级,你这么小,我比你大,你怎么不尊重我?"这位一年级的就说："你比我大,我比你小,你怎么不会爱我?"

其实两方面都有理,不过,应该将心念调换一下,"你比较小,所以我要爱你;你比较大,所以我要尊重你。"道理是正确的,只不过采取对立的观念就不对了;所以我们在道场中,必定要懂得尊重,这完全看自己的心境如何守持。

我们所发的心是这么宏大,志玄虚漠,守志奉道;所立的愿是这么坚定,怎能不好好把握时间,为生死的课题勤下功夫?日常生活的心念生灭,其实也就是生死的一种,我们若不赶紧好好调治,又怎能掌握"人死之后,要如何解脱"?

身体健康、理念清晰时不好好调适,等到疾病来磨苦不堪言时,就难免心智颠倒。一旦往生,六道茫茫如堕梦中,不能自主时,又该如何解脱?自己要很清楚,修行是立弘誓愿,为大地众生付出。如果能将自己这个刚强的众生调伏好,自然就能开扩心胸,为众生的疾苦着想,不再只为自己内心的烦恼纠缠不已。

总之,修行人如果"出家如初",坚定宏大的志愿,就不会后悔,也没有是非或好坏的分别。所以大家真的要把心调好,要守之不动,才能达到贤圣的道路,也就是菩萨、佛的道路。

最重要的,不论是在家、出家,都要节制贪欲才能正心念;心念如果能调理端正,面对境界就不会动摇,这并不困难。前面说过,大自然的境界热就是热,不要想修到热了不流汗,冷了不必加衣服,这并不是修行。应该是虽然很热,却可以忍耐;如果很冷,也有坚毅的心志,忍耐得住。

总之,要时时用心,既然要修行,既来之,则安之,安于道、安于人事,心安则道隆。所谓"法忍、生忍、无生忍",都是一个忍,"忍而无忍"才是真忍,这就是真正坚定的道心。

《第二十难》善解方便

> 佛说人有二十难,善解方便二十难;
>
> 会事启理方便法,举手投足是妙方;
>
> 万法唯心重善解,随机逗教方便法;
>
> 不变随缘圆事理,善解方便就不难。

"佛说人有二十难",第二十种是"善解方便"的困难。善解方便,听起来好像很容易,其实是最难的。看看人世间万物万事万理,许多的道理都表现在不同的形相中,我们的心结如果解不开,就会时时随着形相而转动,使我们产生喜、怒、哀、乐各种情绪,困于形相之中转不过来,事事就会被束缚。

烦恼如大绳,我们听声、见色,无不是烦恼缠心,所以要解脱就非常困难。最重要的是学会善解,有善解的心量,烦恼才能化解,有句话说"四两拨千斤",这就是方便法。

"会事启理方便法,举手投足是妙方",我们能善解不合意的事情,就能契合道理,所以善解就是"会事",能会事启理,就是方便法。方便法表现在什么地方呢?就在举手投足之中。

万法唯心重善解

待人处事之间,眼见色,耳听声,哪句话欢喜听,哪句话听了不合意,我们的行动就会随着感受表达出来。所以一定要培养雅量,时时面对声色都能圆融善解,在动作中表达出温柔善顺,不要动不动就发怒。看看有些人听到不欢喜的,一发脾气,东西拿来就摔,捶胸顿足,借以发泄自己的不满,这就是没有善解,因此无法启理。

凡事善解,就能化瞋怒为柔和,所以说"举手投足是妙方",不论听到什么生气的事,看到不欢喜的形态,都不要"跺脚蹬蹄"、摔东西,依旧要保持柔和善顺,才是最巧妙的方法。

"万法唯心重善解，随机逗教方便法"，若能把所听的、所看的一切纳受于心，化解成柔和善顺，不只是对自己好，这样的修养形态对别人也是一种方便教法。因为万法唯心，我们能吸收进来，加以善解，再以包容的举动表达出去，看在别人眼里，也能自我观照，这就是随机逗教。

我们要时时谨记，举手投足无不是教育，所以很多事情要从心修起，表达在行动中，不只能自利修行，还能利他化人，这都在于凡事能善解。

要能做到"不变随缘圆事理，善解方便就不难"。"不变"就是真心，初发心是最真无伪、清净无污染的本性，也就是"发心立愿"的志节。如果能以真心发心立愿，虽然世缘万变，但是本性不变，自然就能圆融事理。

以前我常说，本性如水能随方就圆，水性不变，但是它能随缘善顺，也就是不要执著。学佛最怕的是执著，我们要用善解方便的方法，以发心行菩萨道这分真心，面对世间万事、万物、万理，如此才能会事启理。

学佛，不也就是遇事要能体会其中的道理吗？这叫做智慧。哪个人在人间不会遇到事？每天的生活中，无不是有人、事、物等等应对，任何人都离不开。

但是，我们常被人事物所困扰、起烦恼心，这就是"事不会理"。以前我常说："人圆，事就圆；事圆，理就圆。"最重要的是把做人的基础打好，进而达到事理圆融。做人讲究心念的调整，心念没有调好，如何能善解！能善解才能开扩心量，容纳万事万法。

随机逗教除心结

举一个佛陀在世时的故事来说明。有一次，有位年轻比丘，出外时看到一位女子长得很美丽，从此就对这位女子产生很多欲想、不净念。这位年轻比丘自己也很烦恼自责，为什么见到那位女子之后，会有不净之想又念念不忘呢？

他看见阿难，就对阿难说："尊者，我有心事、有烦恼，不知道要如何解开烦恼？"阿难问他："你遇到什么困难，把你的烦恼说出来吧！"这位比丘就说："我出外时，看到一位年轻女子很艳丽，就不由自己地生起许多不净的念头。从那时候开始，我一直无法把这种念头抹掉，所以很烦恼。"

阿难对他说："年轻入道要好好照顾这念心，佛陀常告诉我们要观身不净。"年轻比丘说："我也知道佛陀的教法，尽管提起观身不净的念头，但污染的心念又会现前。"阿难再告诉他："你可以观想那位女子的身体，到底哪里值得去爱。每个人的身体都是皮包着肉，肉包着内脏，而内脏是多么污秽！如果有一点病痛，身体失去光彩，许多的污秽都集中在体内，甚至肠穿肚烂地显露在外，像这样，哪里可爱呢？"

这位比丘说："我也这样想过。"阿难说："你可以再想想自己的身体，什么时候是清净的，平常肚子饿了就要吃饭，不论是饮食或汤水等等，在体内制造成不净的排泄物，还有什么是清净的？"

他说："是啊！我也曾这样想过。"阿难又说："世间真的很无常。佛陀曾经要比丘们在水边看水,水流动时,水与水相冲激会生起水沫,但很快的,水泡瞬间就破灭了。其实,人与人之间的欲念交染之乐,也只是一时之间,非常无常,却会存留很多苦难。年轻的比丘,要多观察无常!"

这位年轻比丘虽然懂得观身不净,仍无法突破道理,一直到阿难提出无常的道理时,他才深深体会:"是呀!人生很无常,如幻如化,如水沫泡影,如露亦如电,到底有什么坚实的东西永远都靠得住,能永远保持那分快乐?"他往这方面想,终于了解、体悟了,体悟到万法唯心,就在一个心念而已。世间有什么是坚固的?男女情欲更是无常,更不坚固。所以他在事中善解了,由人事的困难,体会到万法唯心。

佛陀为烦恼的众生开八万四千法门,无非是因为人、事、物的复杂多变,所以用种种方便法来观机逗教。观机逗教不是用嘴巴说的,而是遇到事情时,懂得如何善解、如何体会、如何表达;佛法深如大海,但最妙的方法就是善解方便。

　　学佛要学习善解方便,才能在人事物中不受污染,还能在人群中呈现随缘、随机度化的良能。所以大家要多用心,时时记诵"会事启理方便法,举手投足是妙方;万法唯心重善解,随机逗教方便法"。

第二十难：善解方便

《终曲》调伏人生

佛示人生二十难,有心对治就不难;

佛心师志慈济路,携手相伴如因缘;

常念此身非我有,慧命长养不退转;

恒持刹那戒定慧,调伏人生种种难;

慈济路上会佛法,心静行正念虑定;

身行心念不退转,妙语如莲不妄言;

真善美德身口意,会善知识并不难;

菩萨心地如净土,人间净土在身旁;

身体力行菩萨道,坚固道心事无难;

人生哪有二十难,人生哪有二十难。

这段是"人有二十难"偈颂的终曲,将二十难的精髓总结为简短的文字,让我们了解只要心念一转,人生什么都不困难;只要有心,知道人生原来是无常,就没有什么好执著。

人人如能提早存有无常观，凡事就没有困难，所以这段文字云"佛示人生二十难，有心对治就不难"。有心对治，就是要透彻无常之理，平常如果能透彻无常，知道人生种种的问题，面对考验就不会不知所措。

"佛心师志慈济路，携手相伴好因缘"，人生既然这么无常，到底我们要如何对治？就是要先培养慈悲心，佛心就是大慈悲心。然后要坚定志愿——承继师志，推展慈济志业，既然发心，就要立愿行菩萨道，这就是"师志慈济路"。

我们都是有因有缘才能在此相会，彼此同心同志同道。所以要"常念此身非我有，慧命长养不退转；恒持刹那戒定慧，调伏人生种种难"，要看清"身体并非我所拥有，人生没有所有权"。

身体的生老病死，并不是我们所能控制的，"此身非我有"，因为生命无常，出生的一刻，同时也就走向死亡，所以身体并不属于我们所有，再分析身体的结构，心是心、头是头、脚是脚,并没有哪一个是"我",这是身体各部位会合而成假名的我。不过,虽然生老病死不断地变迁,我们仍有长养不息的慧命,所以最重要的,是认清楚自己的慧命。

既然了解我们有永生不变、无始无终的慧命,就要恒持戒定慧,息灭贪瞋痴,以保持慧命的健全,刹那之间都不能有所闪失。戒,是我们的规矩;定,就是不动摇、不退转的心,如果能恒持戒定,清净无染的智慧就能显现,如此,面对世间万事万物还有什么困难!所以说能"调伏人生种种难"。

心静行正念虑定

"慈济路上会佛法,心静行正念虑定",我们有缘同生在这个时代,又能同心同志愿走在慈济路上,由世间善法而会遇佛法,这也就是从善入门。其实佛陀的教法,归纳起来就是慈悲喜舍,这是世间的善法,若以无著之心去做,也就是佛法。

我们在慈济道上会遇佛法,面对芸芸众生,内心要时时保持那分宁静,这叫做对境不生心,也就是"心静行正念虑定"。我们的心很静,化为行动便是"信实诚正",心不受外境诱引,则举手动足无不是禅;"虑"就是定心,"心静行正念虑定"即是清净宁静的境界。

"身行心念不退转,妙语如莲不妄言"。心净,佛法与世间法就能平行,面对一切世事与人事观念毫不偏差,所说的话就是佛法。佛法就是不妄言、不绮语、不两舌、不恶口,句句字字都能度人向善,这就是学佛,除了自利,还要兼利他人。所以"身口意"业一定要守好,开口动舌要很注意,因为每一句话都是代表自己的心意。

"真善美德身口意,会善知识并不难",真善美的德性,就是从身体力行中展现出身心的善。不只是在口头上说"我的心很真,我的心地很善良",心地真善当然好,但你要怎样表达出美而圆融的人生?必须靠身的行动、口的表达,好的意念才能落实在生活中。

会遇善知识并不难,周围的环境以及人事,都是我们的善知识。想要和他人结好缘,需在身口意之间表达真诚的关怀;假使一不小心,身口意失态的话,周围的环境以及人事物就会变成恶缘。所以,周围的环境,人事物的因缘是好是坏,都取决于我们自己,假使我们的身口意表达出来的是真善美,那么周围的一切无不是我们的善知识。

人间净土在身旁

"菩萨心地如净土,人间净土在身旁"。佛陀说:"一切唯心造。"我们的心地时时都要保持干净,这才是菩萨的心。我们既然学佛就要成佛,有决心成佛,便得时时清理心地,不要受到污染。心地清净,人间净土即在身旁,哪个地方不是净土呢?周围的人,哪一个不是菩萨、善知识?

菩萨、净土,要由"身体力行菩萨道"而得。只是看着别人同心同道行在菩萨道,自己若不去走,还是不能实际感受到那分真善美。所以说"身体力行菩萨道,坚固道心事无难"，若能身体力行，坚固道心，世间的事物就没有什么困难。

古人云："一勤天下无难事。"同样是讲身体力行。如果我们愿意身体力行，坚固道心，每一时刻都在菩萨道上精进，人生绝对没有什么二十难。

学佛，不只是"我心好"就行了，其实人人心都很好，只是因为世间有很多欲念诱引，容易使我们的心念顾守不住，在世间奔驰，受到很多不净念所污染，因此佛陀要弟子们好好修行，才举出这二十种可能对修行者有所阻碍、困扰的情况。

这二十难，我们应该要好好面对。困难与阻碍现前时，要学着去克服。比如从第一难开始，就是布施。我们修学菩萨道，六度万行，第一要从布施开始。布施的意义就是舍，舍去一切烦恼，舍去一切人我是非，舍去我慢我相、我心所欲；布施，不只是指物质，如果做得到真正的舍，就可以蠲弃一切烦恼。

为道舍身治爱欲

在《阿含经》中有一段经文——佛陀说在远古时代有位辟支佛,辟支佛就是"独觉";在没有佛出世的时代,他能无师自通,成为辟支佛。

这位辟支佛长得非常庄严,又有充分的智慧,他的修行方法是以舍与布施为目标。他看透一切,所以能舍去一切,内心毫无挂碍、一片清净。

当时的修行者同样要托钵,要到外面游化。有一次,他到一位长者家中乞食,长者有个女儿长得很美,但是性情骄傲,很多人来说媒,她都不喜欢,却偏偏对这位辟支佛起了爱念,不管怎样都要她的父亲促成这桩婚事;如果不顺她的意,她就寻死寻活。长者因此非常烦恼,明知道不可污染修行者的身心,这件婚事是不可能的,要他开口,实在也很困难。

这件事让辟支佛知道了,他想一切都是因他而起,为了不忍心长者受到这么大的困扰,所以就来到女孩面前问她:"你到底爱我的哪一部分?"

女孩说:"你的全身我都爱,因为自从看到你,就没有分秒的时间能忘记你。"辟支佛再问:"在我全身之中,一定有你最爱的,是什么?"女孩想一想:"最让我念念不忘的就是你的眼神,你的眼睛很美,我很喜欢,不论我到哪里,你的双眼都在我的心中。"

辟支佛就说:"好,只要你认为喜欢的,我就给你。"于是伸手把自己的眼睛挖下一颗,一时整个手、脸都血淋淋的。女孩看了,吓得花容失色。这位修行者紧抓住机会不放:"你看,平常健康的时候,你感觉我什么都好,尤其特别爱这双眼睛,其实它就是这样血淋淋的,有什么可爱呢!这是一种败坏污秽的东西,我今天舍给你,这样你应该可以把内心不清净的念头去除了吧?"

女孩感到很惭愧,也很忏悔,心中的迷雾顿时散去。"是啊!人身就是这么无常、污秽,这么血污的东西,到底我爱的是什么?"刹那间,这个女孩觉悟了,辟支佛也就安心了。

为道舍身,这也是大无畏的布施。所以,去除人生二十难的烦恼障碍，必定要从"舍"字开始，如果人人有舍心，面对人生，还有什么不能放下？还有什么可计较的呢？总之，只要我们用心，对治一切就不难！

"人有二十难偈颂释义"在此要告一段落，也许有人会说，人生道上的挫折困扰层层叠叠，哪里只有这二十难呢？其实道理总是相通的，仔细归纳一下就会发现，任何问题都只在一个"心"字，多用心就能在这二十个妙法中，找到适合你的一帖特效药。

医者慈悲无私，已将药方昭明于世，服与不服，就要看每个人的心了，所以请大家必定要多用心！

图书在版编目(CIP)数据

调伏人生二十难/释证严讲述.—上海:复旦大学出版社,2011.1(2020.6 重印)
(证严上人著作·静思法脉丛书)
ISBN 978-7-309-07478-9

Ⅰ.调… Ⅱ.证… Ⅲ.佛教-人生哲学-通俗读物 Ⅳ.B948-49

中国版本图书馆 CIP 数据核字(2010)第 139494 号

原版权所有者:静思人文志业股份有限公司授权复旦大学出版社
独家出版发行简体字版

慈济全球信息网:http://www.tzuchi.org.tw/
台湾静思书轩:http://www.jingsi.com.tw/
苏州静思书轩:http://www.jingsi.js.cn/

上海市版权局著作权合同登记号　图字:09-2010-550

调伏人生二十难
释证严　讲述
责任编辑/邵　丹

复旦大学出版社有限公司出版发行
上海市国权路 579 号　邮编:200433
网址:fupnet@fudanpress.com　http://www.fudanpress.com
门市零售:86-21-65102580　团体订购:86-21-65104505
外埠邮购:86-21-65642846　出版部电话:86-21-65642845
上海崇明裕安印刷厂

开本 890×1240　1/32　印张 6.75　字数 84 千
2020 年 6 月第 1 版第 5 次印刷
印数 11 801—13 900

ISBN 978-7-309-07478-9/B·361
定价:23.00 元

如有印装质量问题,请向复旦大学出版社有限公司出版部调换。
版权所有　侵权必究